Politik aktuell 12

Internationale Politik: Akteure – Handlungsfelder – Perspektiven

Unterrichtswerk für das Gymnasium in Bayern

Bearbeitet von:
Christine Betz
Claudia Herdrich
Gabriele Kuen
Friedrich Wölfl

C.C. Buchners Verlag, Bamberg

Politik aktuell 12

Internationale Politik: Akteure – Handlungsfelder – Perspektiven

Bearbeitet von Christine Betz, Claudia Herdrich, Gabriele Kuen und Friedrich Wölfl

Dieses Werk folgt der reformierten Rechtschreibung und Zeichensetzung.

1. Auflage [5 4 3 2] 2015 2014 2013 2012
Die letzte Zahl bedeutet das Jahr des Druckes.
Alle Drucke dieser Auflage sind, weil untereinander unverändert, nebeneinander benutzbar.

www.ccbuchner.de

Grafische Gestaltung und Herstellung: Wildner+Designer GmbH, Fürth · www.wildner-designer.de
Druck- und Bindearbeiten: Stürtz GmbH, Würzburg

ISBN 978-3-7661-**6865**-8

Inhalt

Zur Arbeit mit diesem Buch

Anfang und Ende des Buches wenden sich in besonderem Maße an Schülerinnen und Schüler.
Zu Beginn will das Thema „*Global Water Governance* – ein neues Aktionsfeld der internationalen Politik" eine Einführung in das System der internationalen Politik bieten und den Blick für deren besondere Aspekte sowie für Akteure und Strategien schärfen. Die Schüler können anhand dieser Einführung einen Fragenapparat zur Analyse internationaler Politik erstellen.
Am Ende werden Tipps zur Bearbeitung von Klausuren und Abitur gegeben, die den Schülern dazu verhelfen sollen, ihr Wissenspotenzial in schriftlichen Prüfungen auch wirklich optimal einzubringen.

Der Aufbau der Kapitel ...

Einführung in das Kapitelthema	Die Kapitel werden durch einen grundlegenden **Lerntext** eingeleitet, der alle notwendigen Informationen bereithält. Dieser Autorentext kann sowohl der Vor- als auch der Nachbereitung des Unterrichts dienen. Die **Gliederung** am Textrand ermöglicht eine schnelle inhaltliche Orientierung und verweist auf grundlegendes **Basismaterial**. Wichtige Begriffe sind im Textteil hervorgehoben.
Materialienteil	Der Materialienteil bietet repräsentatives und altersgerechtes Text- und Bildmaterial, das ausgewählte Themen der internationalen Politik **vertieft** und **problematisiert**. Die Materialien stellen ein Angebot dar, die Vorgaben des Lehrplans in einem **begrenzten Zeitraum** zu erarbeiten. Auch unter den Bedingungen eines einstündigen Unterrichts ist so quellenorientiertes, selbstständiges Lernen und Arbeiten möglich. Der Band bietet aber auch alle relevanten Inhalte für den zweistündigen Sozialkundeunterricht.
Methoden	An geeigneten Inhalten werden **abiturrelevante** Arbeitsmethoden dargestellt. Auch von entsprechenden anderen Materialien im Buch kann auf diese Seiten zugegriffen werden.
Info	In farblich unterlegten Info-Texten werden **zentrale politologische Begriffe** erklärt, um eine exakte fachwissenschaftliche Verwendung zu erleichtern.
Aufgaben	Nach jeder abgeschlossenen Themeneinheit finden sich Aufgaben, die nicht die Inhalte einzelner Texte/Materialien abfragen, sondern gezielt auf Probleme und Zusammenhänge eingehen.

Anhang

Der Band wird abgeschlossen durch
- ein **Register**, das der raschen Erschließung von Grundbegriffen dient und Querverbindungen ermöglicht; fett gedruckte Seitenzahlen verweisen dabei auf Info-Texte oder einen Basisartikel zu dem entsprechenden Begriff;
- **Literaturtipps und Internetadressen**, die bei Referaten und bei der Vorbereitung zum Abitur helfen.

Internationale Politik verstehen – eine Einführung

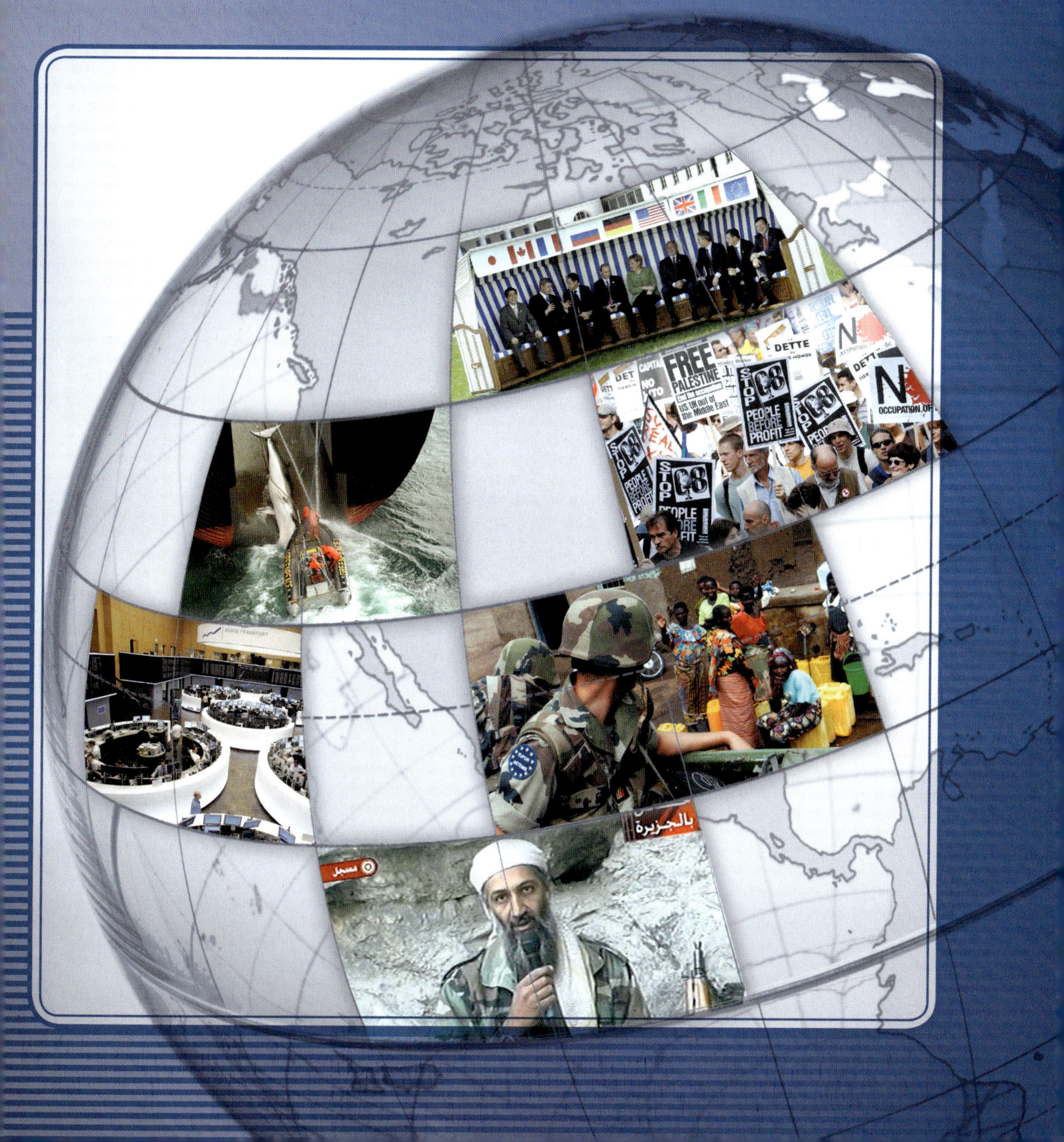
FREE PALESTINE
US UK out of the Middle East
STOP G8
PEOPLE BEFORE PROFIT
OCCUPATION
بالجزيرة

„Global Water Governance" – ein neues Aktionsfeld der internationalen Politik

M 1 Wasser – wo ist das Problem?

Wenn der Bundesbürger D. aufgestanden ist, ausgiebig geduscht und sich zum Frühstück eine Tasse Kaffee gekocht hat, dann hat er, ökologisch gesehen, womöglich bereits etwas falsch gemacht. Frage: Was? Kleiner Hinweis: Es hat mit seinem Wasserverbrauch zu tun.

Die Dusche ist nicht das Problem, selbst wenn D. sich zwanzig Liter Wasser über den Kopf hat rieseln lassen. Allenfalls der Energieverbrauch für das Erwärmen des Duschwassers wäre da zu bemängeln.

Nein, es ist der Kaffee, der die Ökobilanz dieses Morgens ruiniert: 125 Milliliter Flüssigkeit – zu deren Herstellung aber 140 Liter Wasser verbraucht wurden. Nicht in Deutschland, wo Wasser in guter Qualität so reichlich zur Verfügung steht, dass D. auch gern noch etwas länger hätte duschen können.

Kaffee ist ein Importprodukt; zum Teil kommt er aus Ländern in Südostasien und Afrika, die beträchtlichen Wassermangel leiden – auch darum, weil sie ihr knappes Wasser zur Bewässerung von Kaffeeplantagen verwenden. Diesen Mangel hat D. soeben verschärft.

Frank Drieschner, Unser täglich Wasser, in: Die Zeit Nr. 30, 16. 7. 2009, S. 5

Wasserprobleme weltweit

M 2

a) Der „Wasserstress-Index“

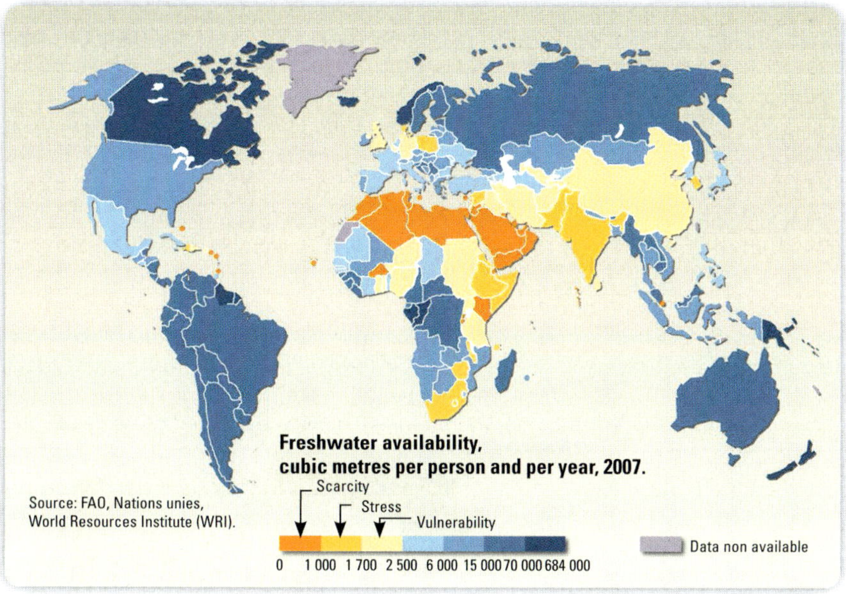
Freshwater availability,
cubic metres per person and per year, 2007.
Scarcity
Stress
Vulnerability
0 1 000 1 700 2 500 6 000 15 000 70 000 684 000
Data non available
Source: FAO, Nations unies, World Resources Institute (WRI).

Global waterstress and scarcity, http://maps.grida.no/go/graphic/global-waterstress-and-scarcity (abgerufen am 30.12.2009).

Der Wasserstress-Index gibt Auskunft über das Verhältnis zwischen dem jährlichen Wasserbedarf pro Person und der Verfügbarkeit von sich erneuernden Süßwasservorräten.

b) Mögliche Wasser-Konflikt- und Problemzonen

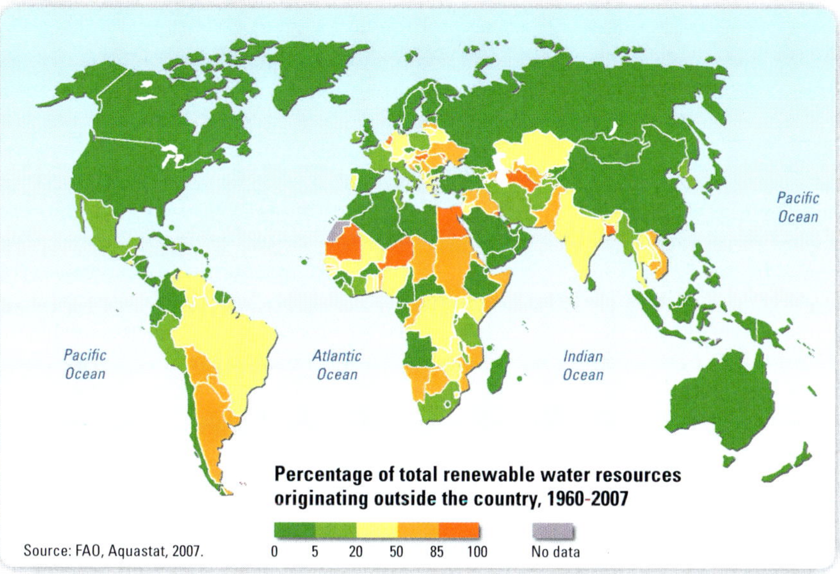
Pacific Ocean
Pacific Ocean
Atlantic Ocean
Indian Ocean
Percentage of total renewable water resources originating outside the country, 1960-2007
0 5 20 50 85 100
No data
Source: FAO, Aquastat, 2007.

Dependency ratio in renewable water, http://maps.grida.no/go/graphic/dependency-ratio-in-renewable-water (abgerufen am 30.12.2009).

Die Weltkarte zeigt für jedes Land das Maß an Abhängigkeit von erneuerbaren Wasserressourcen, die ihren Ursprung außerhalb des jeweiligen Landes haben. Dies gibt einen deutlichen Hinweis darauf, wo Spannungen und Konflikte durch die gemeinsame Nutzung von Flüssen oder Seen entstehen können.

M 3 Die Lösung des Problems – eine Aufgabe der Politik

Wasserknappheit ist vermeidbar. Denn Wasser ist eine grundsätzlich erneuerbare Ressource, die sich über den Wasserkreislauf selbst reguliert. Trotzdem stößt der globale Wasserkreislauf – eine Art natürliches Recyclingsystem – heute an seine Grenzen. Wasser steht vielerorts nicht mehr in ausreichenden Mengen und angemessener Qualität zur Verfügung. Die Ursachen sind eine steigende Nachfrage und zugleich ein Rückgang der vorhandenen Vorkommen. Das weltweite Bevölkerungswachstum und der steigende Lebensstandard erhöhen den globalen Bedarf. Parallel zur steigenden Nachfrage verringern sich die vorhandenen Vorkommen – unter anderem durch nichtnachhaltige Bewirtschaftung, anhaltende Umweltverschmutzung und die Folgen des Klimawandels wie der weltweite Temperaturanstieg und die Veränderungen der Niederschlagsmengen. In den nächsten Jahren wird sich dieses Ungleichgewicht noch verstärken und die gegenwärtige Lage drastisch verschärfen. ...

Wie bei anderen Ressourcen gilt auch bei Wasser: Je knapper die Ressource und je größer damit die Konkurrenz zwischen den Nutzern, desto größer ist die Gefahr von Konflikten bis hin zu gewaltsamen Auseinandersetzungen. Ob und unter welchen Umständen Wasserknappheit zu Gewalt führt und wie sich eine Eskalation im Vorfeld verhindern lässt, ist daher eine entscheidende Frage. Da verschiedene Akteure an Wasserkonflikten beteiligt sein können, ergeben sich unterschiedliche Konfliktkonstellationen. Auf internationaler Ebene ringen Staaten um die Nutzung gemeinsamer Wasserressourcen, während auf nationaler und lokaler Ebene die verschiedenen Wassernutzer um Anteile konkurrieren. Je nach Konfliktmuster sind unterschiedliche Maßnahmen nötig, um eine gewaltsame Eskalation zu vermeiden. In den neunziger Jahren verbreitete sich die Auffassung, dass analog zu drohenden zwischenstaatlichen Kriegen um Öl und Gas auch gewaltsame Konflikte um Wasser bevorstünden. Allerdings konnte mittlerweile gezeigt werden, dass es empirisch keine Anhaltspunkte für solche Kriegsszenarien gibt. ...

Anstelle einer Konfrontation bevorzugen die meisten Staaten bei drohenden Wasserkonflikten kooperative Maßnahmen. Dadurch reduziert die Wasserentnahme eines Staates aus grenzübergreifenden Vorkommen wie Flüssen, Seen oder unterirdischen Wasserspeichern nicht die absolut zur Verfügung stehende Menge zu Lasten anderer Staaten. Vielmehr profitieren im Idealfall alle Beteiligten. Mit einem gemeinsamen Ressourcenmanagement ließe sich die Gesamtwassermenge sogar erhöhen. Das Kooperationspotenzial geht so weit, dass Übereinkünfte in Wasserfragen trotz bestehender territorialer Konflikte getroffen und aufrechterhalten werden können, wie zum Beispiel das Indus-Abkommen zwischen Pakistan und Indien von 1960. Der bis heute gültige Vertrag regelt die Nutzung des Indus und seiner Nebenflüsse und garantiert Pakistan praktisch das Nutzungsrecht für die westlichen Zuflüsse und Indien für die östlichen. Solche Wasserkooperationen können sogar als Ausgangspunkt für eine weitergehende Annäherung von verfeindeten Parteien dienen. Wasserpolitik wirkt so als Katalysator und kann im Idealfall zur Beilegung zwischenstaatlicher Spannungen beitragen. ...

Eine flächendeckende und effektive Bekämpfung der weltweiten Wasserkrise ist aber nur politisch zu erreichen – durch Global Water Governance. Um effektive Wasserpolitik zu betreiben, müssen auf internationaler, regionaler, nationalstaatlicher und lokaler Ebene rechtliche Rahmenbedingungen und institutionelle Kapazitäten geschaffen werden, die einen gerechten und nachhaltigen Umgang mit Wasserressourcen gewährleisten und praktische Maßnahmen auf den unterschiedlichen Ebenen aufeinander abstimmen. ... Auch gilt es, sämtliche relevanten Akteure in den Prozess zu integrieren, wozu UN-Organisationen, Regionalorganisationen, Nationalstaaten, staatliche Unternehmen, die Privatwirtschaft, Nichtregierungsorganisationen, Organisationen auf Gemeindeebene, die Wissenschaft und die Wassernutzer zählen. Im Gegensatz zu früheren Jahren, in denen Wasserknappheit vorwiegend als technische Herausforderung und Aufgabe von Ingenieuren gesehen wurde, wird Wasserknappheit heute als politische Herausforderung verstanden und als Teil globaler Umweltpolitik und nachhaltiger Entwicklung verortet. ...

Tobias von Lossow, Quell des Friedens. Wasserkonflikte lassen sich durch internationale Kooperation entschärfen. In: Internationale Politik, Nr. 11/12, November/Dezember 2009, S. 24-29

Das internationale System: Akteure und Zusammenhänge

M 4

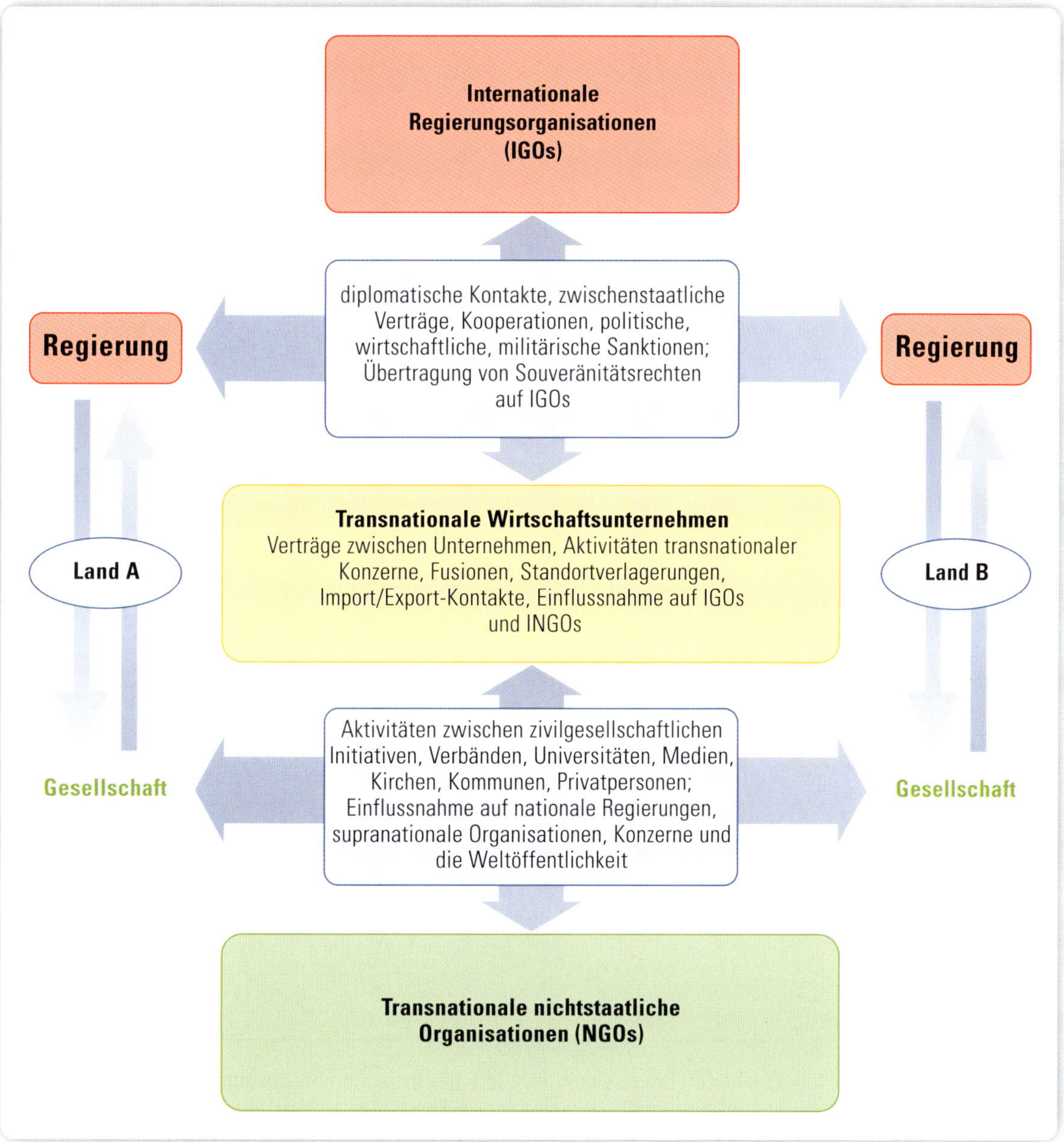
Internationale Regierungsorganisationen (IGOs)
diplomatische Kontakte, zwischenstaatliche Verträge, Kooperationen, politische, wirtschaftliche, militärische Sanktionen; Übertragung von Souveränitätsrechten auf IGOs
Regierung
Regierung
Land A
Land B
Transnationale Wirtschaftsunternehmen
Verträge zwischen Unternehmen, Aktivitäten transnationaler Konzerne, Fusionen, Standortverlagerungen, Import/Export-Kontakte, Einflussnahme auf IGOs und INGOs
Aktivitäten zwischen zivilgesellschaftlichen Initiativen, Verbänden, Universitäten, Medien, Kirchen, Kommunen, Privatpersonen; Einflussnahme auf nationale Regierungen, supranationale Organisationen, Konzerne und die Weltöffentlichkeit
Gesellschaft
Gesellschaft
Transnationale nichtstaatliche Organisationen (NGOs)

Grafik nach Thomas Conzelmann, Grundlagen der Internationalen Beziehungen, Vorlesung Sommersemester 2006
www.politikwissenschaft.tu-darmstadt.de/fileadmin/pg/lehrveranstaltungen/SS06/ATT00010.pdf

M 5 Begriffe der internationalen Politik

Außenpolitik
An Adressaten in anderen Staaten oder internationalen Organisationen gerichtete legitimierte Aktionen und Pläne von staatlichen Organen, z. B. Regierung, Parlament, Staatsoberhaupt

Internationale Politik
Handeln und Reagieren der Staaten untereinander; wegen der Wechselwirkungen und Verknüpfungen mehr als die Summe der Außenpolitiken der einzelnen Staaten

Internationale Beziehungen
Handeln und Reagieren zwischen Staaten, bzw. deren Regierungen, internationalen Regierungsorganisationen, Nichtregierungsorganisationen, Unternehmen, substaatlichen Einheiten, Privatpersonen

Internationale Regime
Vereinbarungen mit inhaltlichen oder prozeduralen Vorgaben für Staaten, jedoch keine ständigen Organe oder Gremien;
Beispiele: Internationales Regime zum Schutz der Ozonschicht, Vertrag zum Schutz der Antarktis

Internationale Regierungsorganisationen
(engl. International Governmental Organizations, IGOs)
Zusammenschlüsse von Staaten mit eigenen Organisationen zur Bearbeitung spezieller zugewiesener Aufgaben (z. B. politische, militärische, wirtschaftliche oder soziale Aufgaben) – ohne Souveränitätsrechte über ihre Mitglieder;
Beispiele: Vereinte Nationen, Weltbank, NATO, OSZE

Transnationale nichtstaatliche Organisationen
(engl. Non-Governmental Organizations, NGOs)
Über Ländergrenzen hinweg arbeitende, auf privater Initiative beruhende, zivilgesellschaftliche Organisationen mit politischen, sozialen, humanitären, ökologischen oder ökonomischen Zielen;
Beispiele: amnesty international, Attac, Ärzte für die Dritte Welt, Greenpeace, Brot für die Welt

Supranationale Organisationen
Überstaatliche Zusammenschlüsse mit eigenen institutionellen Strukturen und Organen, die für ihre Mitglieder verbindliche Beschlüsse fassen können. Dazu werden von den Mitgliedsstaaten bestimmte Souveränitätsrechte übertragen.
Beispiel: Europäische Union

Autorentext

Aufgaben

1. Erarbeiten Sie aus dem Text M 3 die Ursachen für die zunehmende Wasserknappheit und die verschiedenen Strategien zur Lösung der Probleme.
2. Erklären Sie, warum die Lösung der weltweiten Wasserkrise „nur politisch zu erreichen ist" (M 3, letzter Absatz).
3. Ordnen Sie die in M 3 genannten Akteure und Zusammenhänge – auch unter Verwendung der in M 5 erläuterten Fachbegriffe – in die Grafik M 4 ein.
4. Entwickeln Sie am Beispiel der internationalen Wasserpolitik einen allgemeinen Fragenapparat, mit dessen Hilfe sich Themen und Probleme der internationalen Politik analysieren lassen (M 1 – M 4).
   Ergänzen Sie den Katalog auch um Aspekte, die die Vorgeschichte, einsetzbare Machtmittel, juristische Positionen und die Sicherung von Verhandlungsergebnissen betreffen.

Aspekte der europäischen Einigung

I

1 Von der europäischen Idee zur europäischen Identität

Der europäische Integrationsprozess

Die Meinungen über die Europäische Union reichen von beinahe grenzenloser Euphorie bis hin zu pessimistischer Schwarzmalerei. Was ist vom europäischen Integrationsprozess zu halten – ist er „die größte politische Erfolgsgeschichte der vergangenen 50 Jahre" oder „ein Projekt der Eliten, nicht der Bürger"? Die Fakten sollen bei der Suche nach einer Antwort helfen.

Auf dem Weg zu einer europäischen Identität
M 4

Am Beginn der Geschichte der Europäischen Union steht der Zusammenschluss von sechs Staaten Europas, die nationalstaatliche Abgrenzung und Auseinandersetzung überwinden wollten und damit begannen, auf wirtschaftlichem Gebiet enger zusammenzuarbeiten. Heute gehören dieser Gemeinschaft nicht nur mehr als die Hälfte der europäischen Staaten an, sondern man spricht von „europäischer Politik", „europäischer Öffentlichkeit, „europäischem Bewusstsein". Jedem Deutschen, Franzosen, Ungarn usw. wird durch die Unionsbürgerschaft gar eine europäische Identität zugeschrieben. Identitätsstiftende Symbole wie eine Flagge und eine Hymne, noch mehr aber Programme des interkulturellen Austauschs wie *Comenius* für Schüler oder *Erasmus* für Studenten sollen dieses Gefühl, ein Europäer zu sein, stärken. Es gibt verschiedene Ansätze zu bestimmen, worin diese gemeinsame europäische Identität besteht: Sie kann eher historisch oder kulturell begründet werden, sie kann auf einem bestimmten Wertekonsens beruhen oder sich durch die Abgrenzung von anderen Identitäten definieren.

Der Erweiterungsprozess der Europäischen Union

Die grundsätzliche Offenheit und Bereitschaft, neue Mitglieder aufzunehmen und zu integrieren, zeigt der Erweiterungsprozess der EU. Im Lauf der Geschichte ist die europäische Staatengemeinschaft von ursprünglich sechs Gründerstaaten (Frankreich, Deutschland, Italien, Belgien, Niederlande und Luxemburg), die im Jahr 1957 die Römischen Verträge unterzeichnet haben, auf mittlerweile 27 Mitgliedsländer (2010) angewachsen. Die zahlenmäßig größte Integrationsleistung gelang dabei bei der Erweiterung durch zehn ost- und südosteuropäische Staaten im Jahr 2004. In den letzten Jahren wird allerdings immer wieder auch die Kapazität der Gemeinschaft, weitere Mitglieder aufzunehmen, in Frage gestellt.

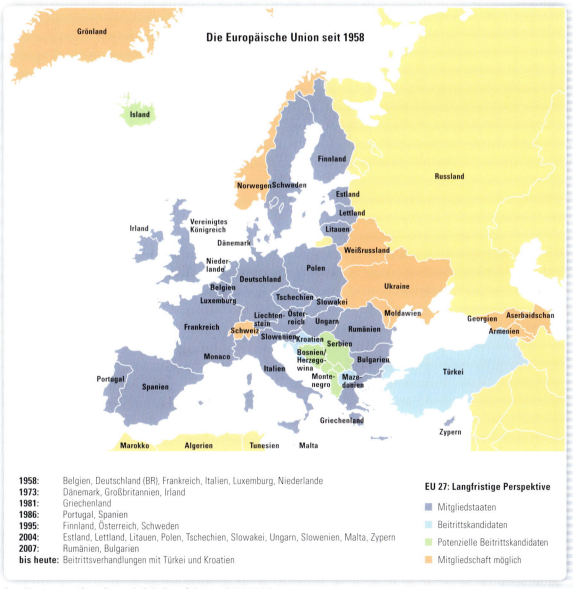

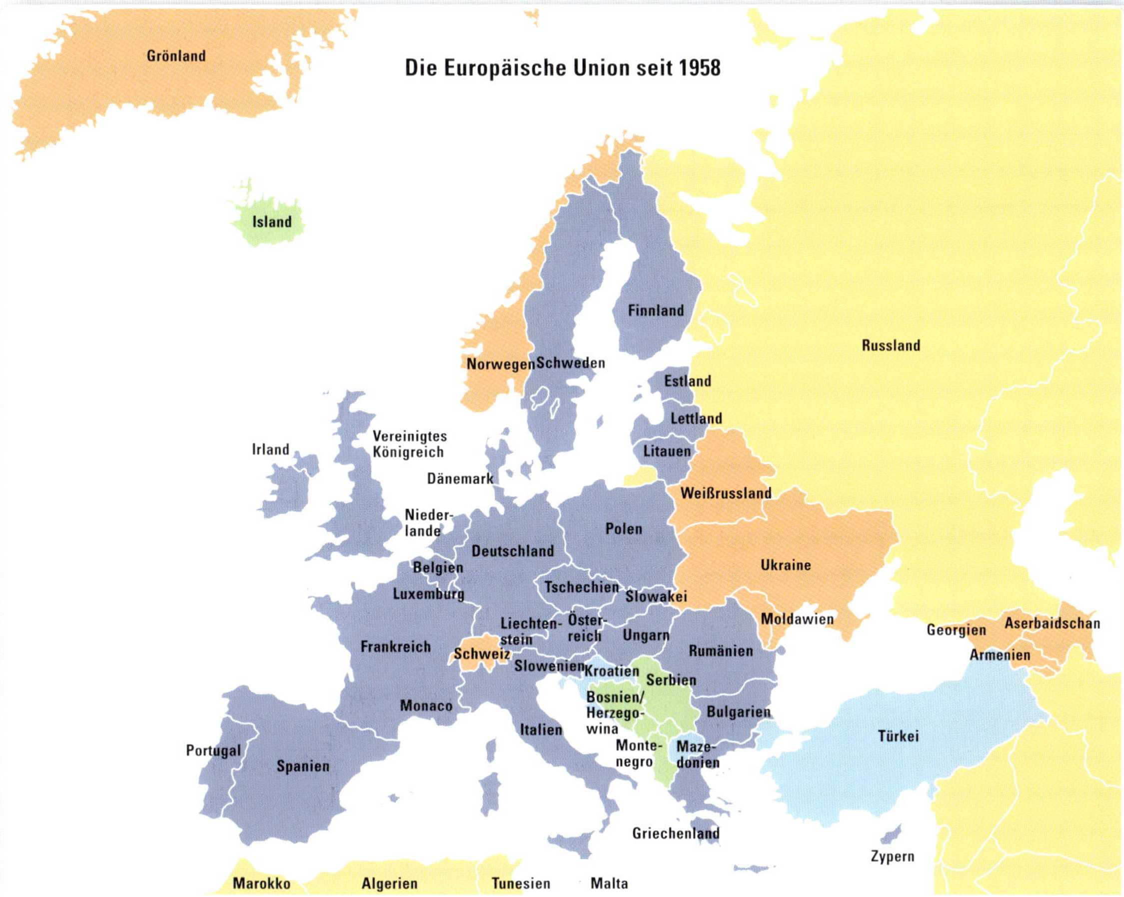
Die Europäische Union seit 1958
Grönland
Island
Finnland
Russland
Norwegen
Schweden
Estland
Lettland
Litauen
Irland
Vereinigtes Königreich
Dänemark
Weißrussland
Nieder-lande
Polen
Deutschland
Belgien
Ukraine
Luxemburg
Tschechien
Slowakei
Liechten-stein
Öster-reich
Ungarn
Moldawien
Georgien
Aserbaidschan
Frankreich
Schweiz
Rumänien
Armenien
Slowenien
Kroatien
Serbien
Bosnien/Herzego-wina
Monaco
Bulgarien
Italien
Türkei
Portugal
Monte-negro
Maze-donien
Spanien
Griechenland
Zypern
Marokko
Algerien
Tunesien
Malta

1958: Belgien, Deutschland (BR), Frankreich, Italien, Luxemburg, Niederlande
1973: Dänemark, Großbritannien, Irland
1981: Griechenland
1986: Portugal, Spanien
1995: Finnland, Österreich, Schweden
2004: Estland, Lettland, Litauen, Polen, Tschechien, Slowakei, Ungarn, Slowenien, Malta, Zypern
2007: Rumänien, Bulgarien
bis heute: Beitrittsverhandlungen mit Türkei und Kroatien

EU 27: Langfristige Perspektive

- Mitgliedstaaten
- Beitrittskandidaten
- Potenzielle Beitrittskandidaten
- Mitgliedschaft möglich

http://commons.wikimedia.org/wiki/Atlas_of_Europe (12.1.2010)

Die Vertiefung der Zusammenarbeit

Die Vertiefung der Integration von einer Wirtschaftsgemeinschaft zu einer politischen Union lässt sich vor allem an den Verträgen ablesen, die die Staats- und Regierungschefs im Lauf der Geschichte der Europäischen Gemeinschaft bzw. Europäischen Union abgeschlossen haben:

Die **Römischen Verträge**, die 1957 unterzeichnet wurden und 1958 in Kraft traten, riefen die Europäische Wirtschaftsgemeinschaft (EWG), eine Zollunion, sowie die Europäische Atomenergiegemeinschaft (Euratom) ins Leben. Beide Bereiche wurden damit nationalstaatlichen Entscheidungen entzogen und einer europäischen Exekutive unterstellt. Die Römischen Verträge gelten als die Gründungsverträge der Europäischen Gemeinschaft.

Die **Einheitliche Europäische Akte** schuf 1987 die Voraussetzungen für einen gemeinsamen europäischen Binnenmarkt. Handelshemmnisse wie Grenzkontrollen und unterschiedliche technische Standards sollten abgebaut werden.

Der **Vertrag von Maastricht**, auch Vertrag der Europäischen Union genannt, trat 1993 in Kraft und kann als „Startschuss" auf dem Weg zu einer politischen Union angesehen werden. Weitere Politikbereiche wurden dem supranationalen Entscheidungsprozess der EU zugewiesen. Andere wie die Sicherheits- und Außenpolitik oder Fragen der Justiz und der Inneren Sicherheit, die die Staaten nicht „vergemeinschaften" wollten, sollten in intergouvernementaler Zusammenarbeit geregelt werden.

2004 wurde ein **Vertrag über eine Verfassung für Europa** von den Staats- und Regierungschefs unterzeichnet. Durch ihn sollte die Gemeinschaft umfassend reformiert werden. Er scheiterte jedoch an zwei ablehnenden Referenden in Frankreich und den Niederlanden.

Siehe dazu Kapitel I.2, S. 23 – 27

Der **Reformvertrag von Lissabon**, der am 1. Dezember 2009 in Kraft trat, brachte endlich die strukturellen Veränderungen, die die erweiterte Union demokratischer und handlungsfähiger machen sollten.

Europa in der (Sinn-)Krise

M 1

Keiner liebt mich!!
Europa in der Krise ...

Karikatur: Klaus Stuttmann

„Zwei Europas"?

M 2

„Europa" ist für viele jenes sonderbare Gebilde, das aus Brüssel regiert wird – von Leuten, die man nicht kennt und nicht gewählt hat; wo es unablässig Streit um Dinge gibt, die der alltäglichen Erfahrung weit enthoben sind („Subsidiarität" etwa oder „Lissabon-Prozess"); wo die Phrasendichte in den Sonntagsreden so enorm ist wie kaum irgendwo anders. An diesem Wochenende wird man gerade das wieder spüren, weil ... vor 50 Jahren die römischen Verträge unterzeichnet worden sind. Was damals als Europäische Wirtschaftsgemeinschaft (EWG) mit sechs Ländern begann, ist heute die Europäische Union mit 27 Staaten. (Zum Jubiläum wird es) ein Freiluftfest, eine Clubnacht und dergleichen mehr geben. Gefeiert wird in Berlin. ... Bei so einem Straßenfest überschneiden sich die zwei Europas, die es gibt.

Das eine Europa ist das Europa der Eliten, es ist das langweilige, das Problem-Europa. In diesem Europa geht es in erster Linie um die Organisation des offiziellen Zusammenlebens auf dem alten Kontinent. Im Organisationseuropa streitet man sich um Stimmgewichte im Rat der EU, um Konsens- oder Mehrheitsentscheidung, um Formulierungen, Zusätze, Protokolle im Verfassungsvertrag. ...

Das zweite, das andere Europa ist nicht zu fassen. Aber man kann es fühlen, wenn man zwischen Deutschland und Frankreich über einen Grenzübergang fährt, von dem man weiß, dass er mal war, den es aber nicht mehr gibt. Man spürt dieses Europa, wenn man in Trient, Ljubljana oder Gent in einem Café sitzt und eben nicht richtig das Gefühl hat, im „Ausland" zu sein – auch wenn die Leute um einen herum anders reden, aber man sie trotzdem nicht mehr als anders im Sinne von fremd empfindet.

Natürlich haben die Länder in Europa und außerdem noch etliche Volksgruppen in diesen Ländern ihre jeweils eigene Identität, ihr Selbst-Gefühl. Aber dieses Anderssein wird eben nicht mehr als trennend oder gar bedrohlich empfunden... Mittlerweile weiß fast jedes Kind, dass Deutschland nur noch von Freunden umgeben ist, dass es kaum mehr Grenzen gibt in Kerneuropa, dass wir von Finnland bis Sizilien mit derselben Währung bezahlen. Dies alles ist selbstverständlich geworden, zumal für jene Jüngere, die nach 1980 geboren sind. ... Das Außerordentliche, der Austritt Europas aus einer immer wieder gewalttätigen Geschichte, ist zur Normalität geworden.

Kurt Kister, Zwei Europas feiern, in: Süddeutsche Zeitung, 24.3.2007, S. 4

M 3 Die Europäische Union in den Augen der Bürger

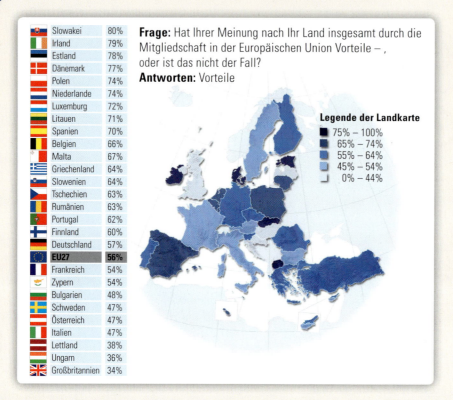

Slowakei	80%
Irland	79%
Estland	78%
Dänemark	77%
Polen	74%
Niederlande	74%
Luxemburg	72%
Litauen	71%
Spanien	70%
Belgien	66%
Malta	67%
Griechenland	64%
Slowenien	64%
Tschechien	63%
Rumänien	63%
Portugal	62%
Finnland	60%
Deutschland	57%
EU27	**56%**
Frankreich	54%
Zypern	54%
Bulgarien	48%
Schweden	47%
Österreich	47%
Italien	47%
Lettland	38%
Ungarn	36%
Großbritannien	34%

Frage: Hat Ihrer Meinung nach Ihr Land insgesamt durch die Mitgliedschaft in der Europäischen Union Vorteile –, oder ist das nicht der Fall?
Antworten: Vorteile

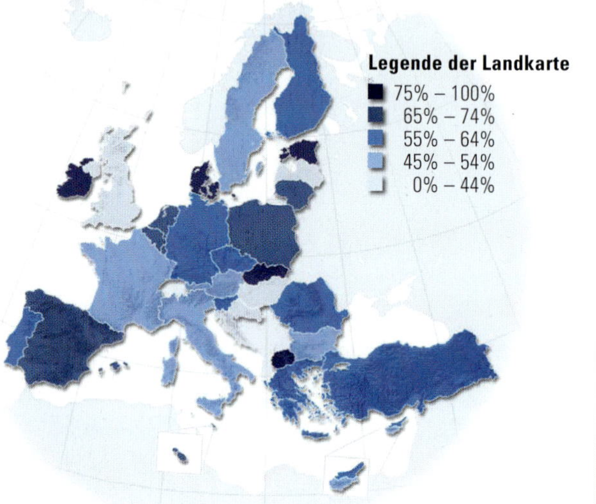
Legende der Landkarte
75% – 100%
65% – 74%
55% – 64%
45% – 54%
0% – 44%

© Europäische Union, 1995-2010

In socio-demographic terms, men think that their country has benefited from EU membership more than women (60% vs. 53%). It is also worthwhile to point out that young people believe in the benefits of EU membership much more than the older generation – 66% of people aged 15-24 think their country has benefited, while 51% of those aged 55 and over think it has. Moreover, 73% of students and 68% of Europeans who have studied full-time till aged 20 or more feel that EU membership has been beneficial for their country, compared to only 45% of citizens who completed their full-time education aged 15 or younger.

Eurobarometer 71/2009, S. 96 f.
http://ec.europa.eu/public_opinion/archives/eb/eb71/eb71_std_part1.pdf

Aufgaben

1. Diskutieren Sie anhand der Karikatur (M 1) Ihre Einstellungen gegenüber Europa.
2. Vergleichen Sie die Aussagen des Zeitungsartikels (M 2) mit Ihren persönlichen Erfahrungen mit „Europa". Setzen Sie sich kritisch mit der pointierten Gegenüberstellung der „zwei Europas" durch den Autor auseinander.
3. Stellen Sie in einer Mindmap zusammen, wo uns in unserem Alltagsleben Auswirkungen europäischer Zusammenarbeit begegnen.
4. Ermitteln Sie die signifikanten Aussagen der Umfrage (M 3). Überlegen Sie mögliche Gründe für die Unterschiede zwischen den Mitgliedstaaten sowie zwischen den Bevölkerungsgruppen.
5. Vergleichen Sie die Zahlen mit den Ergebnissen des aktuellen Eurobarometers. Lässt sich eine Entwicklung erkennen?

Auf der Suche nach einer EU-Identität

M 4

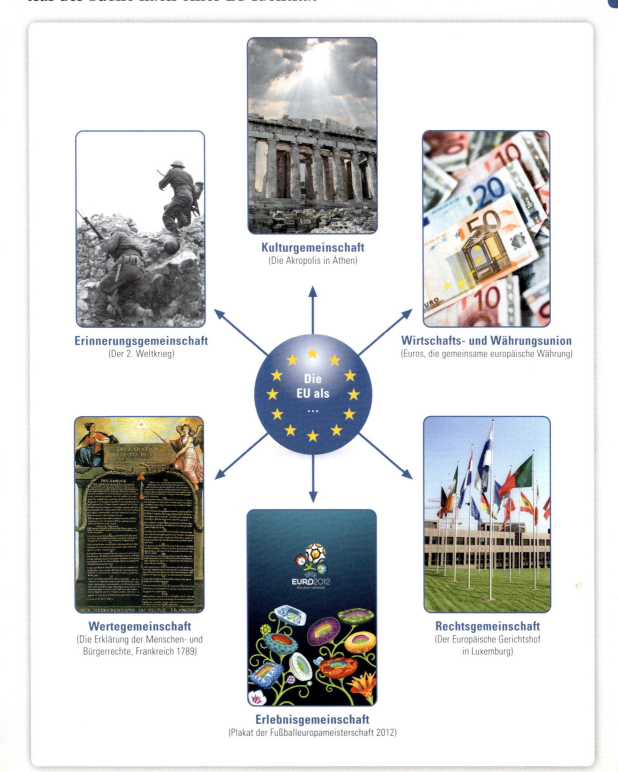

Kulturgemeinschaft
(Die Akropolis in Athen)

Erinnerungsgemeinschaft
(Der 2. Weltkrieg)

Wirtschafts- und Währungsunion
(Euros, die gemeinsame europäische Währung)

Die
EU als
…

PREAMBULE
AUX REPRESENTANS DU PEUPLE FRANCOIS

Wertegemeinschaft
(Die Erklärung der Menschen- und Bürgerrechte, Frankreich 1789)

EURO2012
POLAND-UKRAINE

Erlebnisgemeinschaft
(Plakat der Fußballeuropameisterschaft 2012)

Rechtsgemeinschaft
(Der Europäische Gerichtshof in Luxemburg)

M 5 Aphorismen

„Ein Europäer zu sein, ist nicht eine Frage von Geburt, sondern von Bildung."
(Ralph Dahrendorf, deutsch-britischer Soziologe)

„In Rom bin ich Mailänder, in Paris bin ich Italiener, und in New York bin ich Europäer."
(Umberto Eco, italienischer Schriftsteller)

Wenn ich das Ganze der europäischen Einigung noch einmal zu machen hätte, würde ich nicht bei der Wirtschaft anfangen, sondern bei der Kultur.
(Jean Monnet, französischer Politiker, Mitbegründer der Europäischen Gemeinschaft)

„Die Einheit Europas war ein Traum weniger. Sie wurde eine Hoffnung für viele. Sie ist heute eine Notwendigkeit für alle."
(Konrad Adenauer, deutscher Bundeskanzler)

„Europa ist auf drei Hügel gebaut: Akropolis, Kapitol und Golgatha"
(Theodor Heuss, deutscher Philosoph)

Aufgaben

1. Führen Sie eine Abstimmung in Ihrer Klasse durch: Wer fühlt sich eher als Mitglied seiner Heimatstadt, seines Bundeslands, seiner Nation, wer als Europäer, wer als Weltbürger?
2. Tauschen Sie sich darüber aus, welche Bedeutung die verschiedenen europäischen „Identitäten" in M 4 Ihrer Meinung nach haben.
3. Diskutieren Sie die Aussagen zur europäischen Identität in einer Zitatenrallye. Dazu werden die in M 5 wiedergegebenen Zitate auf große DIN-A-3-Blätter geschrieben. Schülerinnen und Schüler gehen nun von Blatt zu Blatt und kommentieren oder ergänzen das jeweilige Zitat. Diese Notizen werden abschließend verlesen und besprochen.

Exkurs: Die Idee eines vereinten Europa in der Geschichte

Warum die phönikische Königstochter Europa und der in einen Stier verwandelte Zeus zum Zeichen für das politische Europa wurden, ist ungewiss. Diese Verbindung vollzog sich möglicherweise über die Vorstellung vom Kontinent Europa als Frau. Solche Vorstellungen und Bilder tauchen seit dem 14. bzw. 16. Jahrhundert auf. Verbreitung fand das Frauensymbol für Europa im 19. Jahrhundert durch die politische Karikatur. Hier findet dann auch der Rückgriff auf die mythische Königstochter Europa und den Stier statt.

Europa auf dem Stier, attische Vase, 5. Jh. v. Chr.

Aufgabe

Seit alters her wird Europa in Abgrenzung zu anderen Kontinenten und Kulturen als Einheit betrachtet.
Erarbeiten Sie in arbeitsteiliger Gruppenarbeit aus den folgenden Materialien das Verbindende oder auch spezifisch Europäische, auf das sich Autoren oder Künstler beziehen.
In welchem Zusammenhang stehen die Aussagen dabei mit dem jeweiligen historischen Hintergrund?

1

Die Völker der kalten Regionen nämlich und jene in Europa sind von tapferem Charakter, stehen aber an Intelligenz und Kunstfertigkeit zurück; also sind sie vorzugsweise frei, aber ohne staatliche Organisationen und ohne über die Nachbarn herrschen zu können. Die Völker Asiens dagegen sind intelligent und künstlerisch begabt, aber kraftlos, und leben darum als Untertanen und Knechte. Das griechische Volk wohnt gewissermaßen in der Mitte zwischen beiden und hat darum an beiden Charakteren Anteil.

Aristoteles, griechischer Staatstheoretiker 4. Jh.v.Chr.

2

Der Engländer ist der Feind des Franzosen aus keinem anderen Grunde, als weil er Franzose ist. Der Schotte ist dem Briten feind, aus keinem anderen Grund, als weil er Schotte ist. Der Deutsche ist dem Franzosen feind, der Spanier beiden. O Verkehrtheit!
Wenn der nichtige Name eines Ortes trennt, warum versöhnen sich dann nicht eher viele andere Dinge. Du Engländer willst dem Franzosen übel – warum willst du nicht lieber als Mensch dem Menschen wohl? ... Der Raum trennt nur die Körper, nicht die Geister. Einst trennte der Rhein den Franzosen von Deutschen; aber er trennt nicht Christen von Christen. Die Pyrenäen trennen die Spanier von den Franzosen, aber sie heben nicht die Gemeinschaft der Kirche auf. Das Meer liegt zwischen Frankreich und England; aber damit ist die Glaubensgemeinschaft nicht aufgehoben.

Erasmus von Rotterdam, Querela Pacis, 1515

4

EUROPE
GUERRE
PAIX

La partie de volant (Das Federballspiel); die beiden Frauenfiguren sind mit den französischen Begriffen für Krieg (la guerre) und Frieden (la paix) bezeichnet.

Karikatur: Honoré Daumier, Le Charivari, 1869

3

Europa ist das Land der Freiheit, das heißt der Bildung durch den Wettstreit vereinzelter und mannichfach eigenthümlicher Kräfte. Diese Mannichfaltigkeit ist durch alle Zeiten Charakter der europäischen Bildung geworden; denn auch nachdem größere Staaten und Nationen entstanden waren, ist sie das Wesentliche jener ursprünglichen Anlage geblieben.

Friedrich von Schlegel, deutscher Philosoph, 1810

5

Ich bin der Auffassung, dass zwischen Völkern, deren geografische Lage so ist wie die der Völker Europas, eine Art föderatives Band bestehen muss; diese Völker müssen jederzeit die Möglichkeit haben, miteinander in Verbindung zu treten, über ihre Interessen zu beraten, gemeinsame Entschließungen zu fassen, untereinander ein Band der Solidarität zu schaffen, das ihnen erlaubt, zu gegebener Zeit einer ernsten Lage, falls eine solche entsteht, gegenüberzutreten.

Aristide Briand, französischer Außenminister, 1929

6

Dieser edle Kontinent, ... ist die Heimat aller großen Muttervölker der westlichen Welt. Hier sind die Quellen des christlichen Glaubens und der christlichen Ethik. Hier liegt der Ursprung fast aller Kulturen, Künste, philosophischen Lehren und Wissenschaften des Altertums und der Neuzeit. Wäre jemals ein vereintes Europa im Stande, sich das gemeinsame Erbe zu teilen, dann genössen seine drei oder vierhundert Millionen Einwohner Glück, Wohlstand und Ehre in unbegrenztem Ausmaße. ... Unser beständiges Ziel muss sein, die Vereinten Nationen aufzubauen und zu festigen. Unter- und innerhalb dieser weltumfassenden Konzeption müssen wir die europäische Völkerfamilie in einer regionalen Organisation neu zusammenfassen, die man vielleicht die Vereinigten Staaten von Europa nennen könnte.

Winston Churchill, britischer Premierminister, 1946

Alle Texte und Bilder sind dem Ausstellungskatalog entnommen „Idee Europa. Entwürfe zum „Ewigen Frieden“. Eine Ausstellung des Deutschen Historischen Museums 2003“, (1) S. 73, (2) S. 103, (3) S. 170, (4) S. 207, (5) S. 259, (6) S. 300

Die Europäische Union heute

2

IVAN STEIGER

Karikatur: Ivan Steiger

Der Vertrag von Lissabon
M 2

Im Vertrag von Lissabon, der Ende 2009 in Kraft trat, wurden die strukturellen und organisatorischen Rahmenbedingungen für die veränderten Anforderungen in einer größer gewordenen Union geschaffen. Dabei legten die Staaten einerseits Wert darauf, dass ihre jeweilige nationale Souveränität nicht zu stark beschnitten wurde, andererseits musste aber auch gewährleistet werden, dass die Gemeinschaftspolitik effizient gestaltet werden kann. Von großer Bedeutung war und ist deshalb die Bereitschaft der Einzelstaaten, sich als Mitglied in die Gemeinschaft einfügen zu wollen.

Die Organe der Europäischen Union

Die beiden genannten – oft schwer zu vereinbarenden – Ansprüche wirken sich auch auf die Zusammensetzung, die Aufgaben und die Arbeitsweise der zentralen EU-Organe aus. Dem **supranationalen** Gedanken, also vor allem dem Wohl der Gemeinschaft und nicht den Interessen einzelner Staaten, fühlen sich Kommission und Parlament verpflichtet.

- Die **Europäische Kommission** gilt als das Exekutivorgan der Europäischen Union. Sie sorgt für die Umsetzung des Gemeinschaftsrechts. Daneben verfügt sie über das Gesetzesinitiativrecht innerhalb der EU und wird deshalb auch als der „Motor" der EU bezeichnet. Berufen werden Kommissionspräsident und Kommissare zwar von den Regierungen der Mitgliedsstaaten, sie werden jedoch vom Europäischen Parlament einer strengen Prüfung unterzogen und müssen von ihm bestätigt werden.

M 5, M 10

- Das **Europäische Parlament** ist das einzige direkt von den europäischen Bürgern legitimierte Organ der EU. Die Abgeordneten finden sich je nach politischer Ausrichtung in länderübergreifenden Fraktionen zusammen. Das Parlament wird seit 1979 alle fünf Jahre gewählt und hat im Laufe seiner Geschichte immer mehr an Einfluss gewonnen. Heute entscheiden Parlament und Rat gemeinsam und in der Regel gleichberechtigt über die europäische Gesetzgebung.

Im Unterschied zu Kommission und Parlament arbeiten im Europäischen Rat und im (Minister-)Rat die Regierungen der einzelnen Mitgliedsstaaten – **intergouvernemental** – zusammen. Hier fließen daher auch nationale Interessen in die Entscheidungen ein.

- Der **Europäische Rat** ist das höchste intergouvernementale Organ der Europäischen Union. Er besteht aus den gewählten Staats- und Regierungschefs der Mitgliedsstaaten, die in vier Gipfeltreffen pro Jahr Kompromisse zwischen ihren einzelstaatlichen Interessen zu finden versuchen, um die grundlegenden politischen Ziele der Gemeinschaft festzulegen. Dem Europäischen Rat steht der Präsident der Europäischen Union vor, der für zweieinhalb Jahre von den Staats- und Regierungschefs gewählt wird.
- Der **Rat** setzt sich aus den jeweiligen Fachministern der Mitgliedsstaaten zusammen, d. h. je nach Politikbereich tagt er in unterschiedlicher Besetzung. Zusammen mit dem Europäischen Parlament entscheidet er über Gesetzesvorschläge der Kommission. Im Rat fallen auch Entscheidungen in Politikbereichen, die der Absprache zwischen den nationalen Regierungen vorbehalten sind. Mittlerweile muss im Rat nur noch selten einstimmig abgestimmt werden. Um Blockaden einiger weniger Mitglieder zu verhindern, wird in über 180 Politikbereichen mit qualifizierter Mehrheit (etwa 74%) abgestimmt. Ab 2014 ist anstelle der qualifizierten dann nur noch die sogenannte „doppelte Mehrheit" erforderlich, d. h. die Mehrheit an Stimmen (55%), die zugleich eine Mehrheit der Bevölkerung (65%) repräsentiert.

Siehe zur Gemeinsamen Außen- und Sicherheitspolitik Kapitel I.4, S. 39 f.

Zwischen Kommission und Rat agiert der **Hohe Vertreter für Außen- und Sicherheitspolitik**, denn er ist zugleich Vizepräsident der Kommission und Vorsitzender des Rates für Auswärtige Angelegenheiten. Er setzt die Außen- und Sicherheitspolitik nach den Beschlüssen des Rates um.

Weitere einflussreiche Institutionen innerhalb der Europäischen Union sind

- der **Gerichtshof der EU** (EuGH), der über die Auslegung und Anwendung der EU-Verträge entscheidet,
- die **Europäische Zentralbank**, die die Geld- und Währungspolitik für den Euro-Raum festlegt,
- der **Europäische Rechnungshof**, der alle Einnahmen und Ausgaben der Europäischen Union prüft und für ein effizientes Finanzmanagement sorgt.

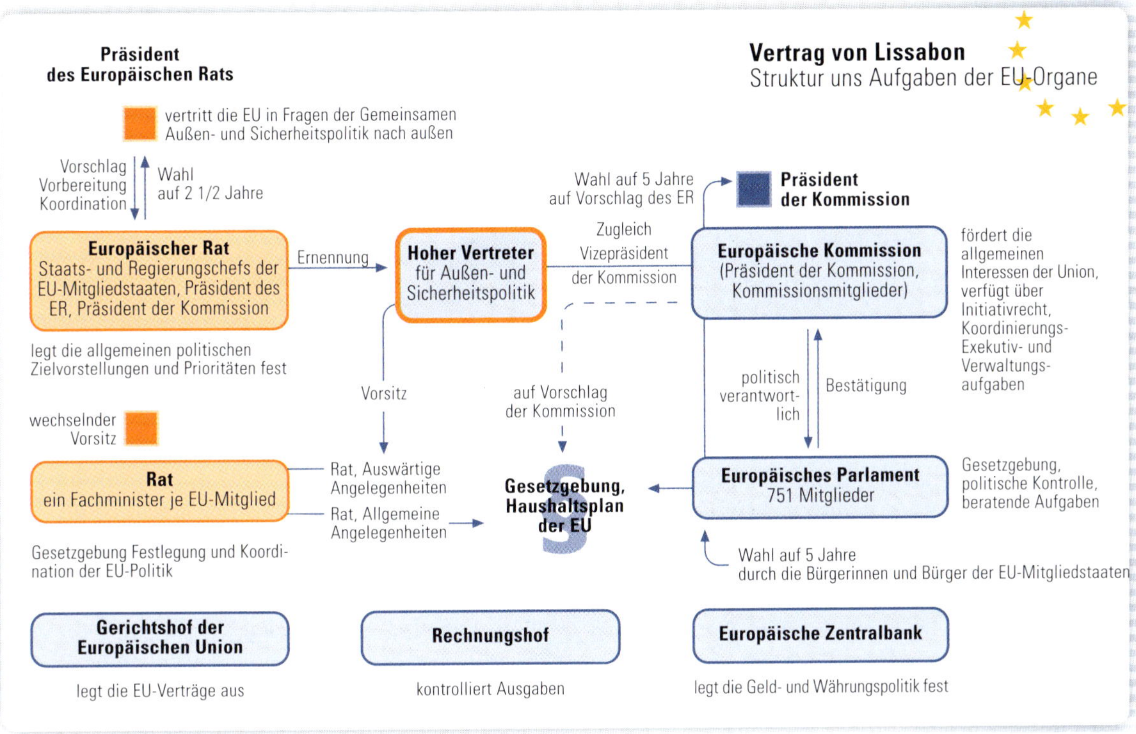
Vertrag von Lissabon
Struktur uns Aufgaben der EU-Organe
Präsident des Europäischen Rats
vertritt die EU in Fragen der Gemeinsamen Außen- und Sicherheitspolitik nach außen
Vorschlag Vorbereitung Koordination
Wahl auf 2 1/2 Jahre
Europäischer Rat
Staats- und Regierungschefs der EU-Mitgliedstaaten, Präsident des ER, Präsident der Kommission
legt die allgemeinen politischen Zielvorstellungen und Prioritäten fest
Ernennung
Hoher Vertreter für Außen- und Sicherheitspolitik
Zugleich Vizepräsident der Kommission
Wahl auf 5 Jahre auf Vorschlag des ER
Präsident der Kommission
Europäische Kommission
(Präsident der Kommission, Kommissionsmitglieder)
fördert die allgemeinen Interessen der Union, verfügt über Initiativrecht, Koordinierungs- Exekutiv- und Verwaltungsaufgaben
politisch verantwortlich
Bestätigung
Vorsitz
auf Vorschlag der Kommission
wechselnder Vorsitz
Rat
ein Fachminister je EU-Mitglied
Gesetzgebung Festlegung und Koordination der EU-Politik
Rat, Auswärtige Angelegenheiten
Rat, Allgemeine Angelegenheiten
Gesetzgebung, Haushaltsplan der EU
Europäisches Parlament
751 Mitglieder
Gesetzgebung, politische Kontrolle, beratende Aufgaben
Wahl auf 5 Jahre durch die Bürgerinnen und Bürger der EU-Mitgliedstaaten
Gerichtshof der Europäischen Union
legt die EU-Verträge aus
Rechnungshof
kontrolliert Ausgaben
Europäische Zentralbank
legt die Geld- und Währungspolitik fest

nach: Zahlenbilder 714 121

Gibt es in der Europäischen Union ein „Demokratiedefizit"?
M 7, M 8, M 10

In repräsentativen Demokratien ist das Parlament als Vertretung des Volkes Basis aller staatlichen Macht. Aus mehreren Gründen kann das Europäische Parlament diese Rolle bisher nur ungenügend spielen:

- Die Kommission, die Exekutive der EU, wird weder durch das Parlament noch durch das Volk gewählt, sondern sie wird letztlich durch die nationalen Regierungen bestimmt und vom Parlament nur bestätigt.
- Die Entscheidungskompetenzen sind im Vergleich zu nationalen Parlamenten immer noch unterentwickelt. Wichtige Beschlüsse z. B. der Außen- und Sicherheitspolitik werden durch die nationalen Regierungen (im Europäischen Rat und Ministerrat) bestimmt.
- Eine europäische Öffentlichkeit existiert erst in Ansätzen. Die Mehrheit der Bevölkerung fühlt sich zunächst regional und national gebunden und erst in dritter Linie als Europäer. Die Wahlbeteiligung bei Europawahlen ist immer weiter gesunken und liegt inzwischen bei knapp über 40%.

Bevor der Vorwurf des Demokratiedefizits erhoben wird, muss aber auch diskutiert werden, inwieweit die EU überhaupt mit den Maßstäben eines nationalstaatlichen demokratischen Systems gemessen werden kann, oder ob sie nicht doch ein Gebilde sui generis – ganz eigener Art – ist, wie es das Bundesverfassungsgericht formulierte.

2.1 Der Vertrag von Lissabon – eine neue Stufe der Integration

M 1 Motive und Ziele – die Präambel des Vertrages von Lissabon

SEINE MAJESTÄT DER KÖNIG DER BELGIER, ... (Aufzählung aller völkerrechtlicher Vertreter der Mitgliedsstaaten),
ENTSCHLOSSEN, den mit der Gründung der Europäischen Gemeinschaften eingeleiteten Prozess der europäischen Integration auf eine neue Stufe zu heben,
SCHÖPFEND aus dem kulturellen, religiösen und humanistischen Erbe Europas, aus dem sich die unverletzlichen und unveräußerlichen Rechte des Menschen sowie Freiheit, Demokratie, Gleichheit und Rechtsstaatlichkeit als universelle Werte entwickelt haben,
EINGEDENK der historischen Bedeutung der Überwindung der Teilung des europäischen Kontinents und der Notwendigkeit, feste Grundlagen für die Gestalt des zukünftigen Europas zu schaffen ...
IN DEM WUNSCH, Demokratie und Effizienz in der Arbeit der Organe weiter zu stärken, damit diese in die Lage versetzt werden, die ihnen übertragenen Aufgaben in einem einheitlichen institutionellen Rahmen besser wahrzunehmen ...
ENTSCHLOSSEN, eine Gemeinsame Außen- und Sicherheitspolitik zu verfolgen, wozu ... auch die schrittweise Festlegung einer gemeinsamen Verteidigungspolitik gehört, die zu einer gemeinsamen Verteidigung führen könnte, und so die Identität und Unabhängigkeit Europas zu stärken, um Frieden, Sicherheit und Fortschritt in Europa und der Welt zu fördern ...

LISBOA

Im Dezember 2007 verständigten sich die Staats- und Regierungschefs der EU auf den Lissabonner Reformvertrag, um den „Prozess der europäischen Integration auf eine neue Stufe zu heben."

ENTSCHLOSSEN, den Prozess der Schaffung einer immer engeren Union der Völker Europas, in der die Entscheidungen entsprechend dem Subsidiaritätsprinzip möglichst bürgernah getroffen werden, weiterzuführen,
IM HINBLICK auf weitere Schritte, die getan werden müssen, um die europäische Integration voranzutreiben,
HABEN BESCHLOSSEN, eine Europäische Union zu gründen ...

eur-lex.europa.eu/LexUriServ/LexUriServ.do?uri=OJ:C:2007:306:0001:0010:DE:PDF (abgerufen am 03.12.2009)

M 2 Vertrag von Lissabon: Ende gut – alles gut?

Die europäischen Mühlen mahlen mitunter langsam. Was vor gut zehn Jahren – noch während der Ratifikationsphase des Vorläufervertrages von Nizza – seinen Ausgang nahm, sich über den gescheiterten Europäischen Verfassungsvertrag fortsetzte und sich nicht zuletzt wegen eines ersten ablehnenden Votums der Iren zeitlich verzögerte, fand Anfang Dezember vergangenen Jahres nun seinen förmlichen Abschluss: Mit dem Vertrag von Lissabon ist ein reformiertes europäisches Regelwerk in Kraft getreten, das die Institutionen der inzwischen auf 27 Staaten erweiterten EU schlagkräftiger, die Entscheidungsverfahren effizienter und demokratischer sowie die europäische Politik insgesamt kohärenter machen soll. „Lissabon" steht damit in einer Reihe mit den zeitlich weiter zurückliegenden Reformverträgen von Maastricht (1992), Amsterdam (1997) und Nizza (2001), die alle ein Hauptziel verfolgten: die europäische Staatengemeinschaft an die jeweils neuen Herausforderungen anzupassen.

Insbesondere vor dem Hintergrund der Osterweiterung von 2004 war noch einmal der Druck stark angewachsen, die Handlungsfähigkeit der Europäischen Union durch institutionelle Verbesserungen, vor allem auch durch den Abbau von Vetomöglichkeiten einzelner Mitgliedstaaten, zu erhöhen. Wesentliches Instrument hierfür stellt die Ausweitung der Mehrheitsentscheidungen im Rat der Union dar, wodurch das Erfordernis der Einstimmigkeit in der europäischen Rechtsetzung auf einige wenige Fälle beschränkt wird. Eine wichtige Neuerung des Vertrages ist der nunmehr hauptamtliche Präsident des Europäischen Rates, der durch dessen Mitglieder, die europäischen Staats- und Regierungschefs, für eine Amtszeit von jeweils zweieinhalb Jahren gewählt wird. Mit dem neuen Amt, das seit kurzem der ehemalige belgische Premierminister Herman van Rompuy bekleidet, soll die Arbeit des Europäischen Rates größere Kontinuität erhalten und ihm zugleich ein europäisches „Gesicht" verliehen werden.

Das Europäische Parlament gehört zu denjenigen Institutionen, deren Kompetenzen durch den neuen Vertrag am stärksten ausgebaut werden. Es übt inzwischen gemeinsam mit dem Rat die Rechtsetzung der EU aus. Dabei ist das sogenannte Mitentscheidungsverfahren, das dem Rat und Parlament annähernd gleiche Rechte einräumt, nun zum „ordentlichen Gesetzgebungsverfahren" geworden, das bei den meisten Politikbereichen Anwendung findet. Insbesondere die Agrarpolitik und die justizielle Zusammenarbeit wurden neu in die Zuständigkeit des Parlaments überführt; die gemeinsame Außen- und Sicherheitspolitik verbleibt allerdings nach wie vor weitgehend in der alleinigen Regelungskompetenz des Rates, der Entscheidungen auf diesem Gebiet auch weiterhin nur einstimmig fällen kann.

Neben der abermaligen Stärkung des Europäischen Parlaments wurden weitere Elemente eingeführt, die die demokratische Legitimation der Union erhöhen, die Einhaltung des Subsidiaritätsprinzips sicherstellen und den Schutz der Bürgerrechte verbessern sollen. So werden mit dem neuen Vertrag die Bestimmungen der Europäischen Grundrechtscharta in das Primärrecht der EU einbezogen und ihre Rechtsverbindlichkeit damit nochmals gestärkt. Auch sollen die nationalen Parlamente der Mitgliedstaaten künftig ein Eingriffsrecht haben: Wenn mindestens ein Drittel der Parlamente in den EU-Staaten der Ansicht sind, dass ein Gesetzesvorhaben auf europäischer Ebene nicht dem Subsidiaritätsprinzip entspricht, also Regelungen umfasst, die besser national oder regional getroffen werden sollten, dann ist die Kommission zu einer Überprüfung verpflichtet. Äußert sich gar mindestens die Hälfte der nationalen Parlamente kritisch, müssen Rat und Europäisches Parlament nochmals gemeinsam über die Fortsetzung der geplanten Gesetzesinitiative befinden. ...

Alle diese Veränderungen, und noch einige mehr, zielen darauf, die europäische Politik in die Lage zu versetzen, auf die anstehenden Probleme und Aufgaben adäquat reagieren zu können.

Inter/esse 01/2010
www.bankenverband.de/channel/133810/art/2908/index.html

Europäische Grundrechtecharta

Info

Die Charta der Grundrechte in der Europäischen Union stellt eine Zusammenfassung der gemeinsamen Werte der Mitgliedstaaten der EU dar. In ihr sind die klassischen Bürgerrechte sowie politische, wirtschaftliche und gesellschaftliche Rechte vereint. Rechtskraft erlangte die Charta 2009 gemeinsam mit dem Vertrag von Lissabon in allen EU-Staaten bis auf Großbritannien, Polen und Tschechien, für die Ausnahmeregelungen gelten.

Aufgaben

1. Erarbeiten Sie aus der Präambel des Lissabonner Vertrags (M 1), a) auf welcher Wertetradition er beruht und b) welche Ziele mit ihm verfolgt werden.
2. Verfolgen Sie für den Zeitraum von 14 Tagen Pressemeldungen zur EU-Politik in der Tagespresse. Untersuchen Sie, ob und wenn ja in welcher Form sie in Bezug zu den Intentionen des Lissabonvertrages stehen. (M 1, M 2)

2.2 Das Zusammenwirken der Institutionen

M 3 Teures Telefonieren im Urlaub

Sonne, Erholung und den Alltagsstress vergessen – so sieht für die meisten der Urlaub aus. Aber so ganz aus der Welt ist man auf Reisen im Ausland ja doch nicht – zumindest, wenn man sein Handy mitgenommen hat. Für die meisten deutschen Handybesitzer ist es ganz selbstverständlich, per Mobiltelefon unter dem Eiffelturm für die Lieben daheim erreichbar zu sein. Allerdings kann der Griff zum Handy im Ausland ganz schön teuer werden. Selbst die Nutzung der Mailbox kann zur Kostenfalle werden.

Ein wesentlicher Kostenfaktor bei Handytelefonaten im Ausland sind die sogenannten Roaming-Kosten[1]. Roaming kommt aus dem Englischen und bedeutet so viel wie wandern oder umherschweifen. Das ist treffend, weil man – quasi gedankenlos – in den Mobilfunk-Netzen umherschweifen kann. Doch wer nach dem Urlaub nicht von einer hohen Mobilfunkrechnung überrascht werden möchte, sollte schon im Vorfeld daran denken, dass die Gesprächspreise höher als zu Hause sind und beispielsweise auch eingehende Anrufe Kosten verursachen.

http://www.teltarif.de/roaming

[1] *Roaming: die Fähigkeit, in einem fremden Mobilfunk-Netz u.a. telefonieren oder Daten versenden und empfangen zu können*

Rechnung April 2006 für Rufnummer 01[redacted]791

	Summe in €
Monatlich berechnet (01.04.2006 – 30.04.2006)	
Privat-Tarif	10,2002
Summe	**10,2002**
Berechnete Verbindungen	
Verbindungen in andere inländische Netze	1,5216
In ausländischen Netzen abgehende Verbindungen	53,1238
In ausländischen Netzen ankommende Verbindungen	0,5703
Kurznachrichten	3,1394
Summe	**58,3551**

Einzelnachweis
In ausländischen Netzen abgehende Verbindungen
Wind (Italien)
...

					Dauer	€
13.	19.04	20:30:22	00490[redacted]8	GT	2:23	3,0883
14.	20.04	20:05:00	00490[redacted]8	GT	1:50	2,1314
15	21.04	19:34:37	00490[redacted]8	GT	2:15	3,8883
16.	22.04	17:21:27	00490[redacted]8	GT	1:35	2,1314

M 4 Die EU geht gegen Wucherpreise der Mobilfunkbetreiber vor

Brüssel, 23.05.07 – Im Juli 2006 schlug die Europäische Kommission eine EU-Verordnung zur Senkung der Mobilfunk-Roamingentgelte in der EU um bis zu 70 % als Instrument zur Vollendung des Binnenmarktes vor. Trotz wiederholter Aufrufe an die Mobilfunkbetreiber war die Handybenutzung in anderen EU-Ländern nach wie vor viermal so teuer wie im Inland. Diesen Unterschied bekamen vor allem Touristen sowie grenzüberschreitend tätige kleine und mittlere Unternehmen zu spüren. Im Rahmen ihrer Transparenzinitiative richtete die Kommission eine Verbraucher-Website über Roamingtarife ein, auf der sie Wucherpreise von bis zu 12 Euro für ein vierminütiges Gespräch anprangerte. Zur Änderung der Preispolitik der Netzbetreiber führte dies jedoch nicht. Daher schlug die Kommission vor, gesetzgeberisch einzugreifen.

Die jetzt vom Europäischen Parlament verabschiedete EU-Verordnung wird ab Sommer 2007 sowohl die zwischen den Mobilfunkbetreibern berechneten Roamingentgelte als auch die Endverbraucherpreise begrenzen, soll aber gleichzeitig den Wettbewerb unterhalb dieser Preisobergrenzen beleben. …

Nach der in der vergangenen Woche erzielten politischen Einigung zwischen Europäischem Parlament, Rat und Kommission, wird nun auch der Rat der EU-Minister für Telekommunikation die EU-Roamingverordnung voraussichtlich am kommenden 7. Juni verabschieden. Nach der Veröffentlichung im Amtsblatt der Europäischen Union, die bis Mitte Juni erfolgen soll, wird die EU-Roamingverordnung dann in allen 27 EU-Mitgliedstaaten unmittelbar in Kraft treten.

nach: www.portel.de/nc/nachricht/artikel/14827-eu-kommission-roaming-gebuehren-sinken-ab-sommer/ (abgerufen am 9.1.2010)

Gesetzgebung in der EU

M 5

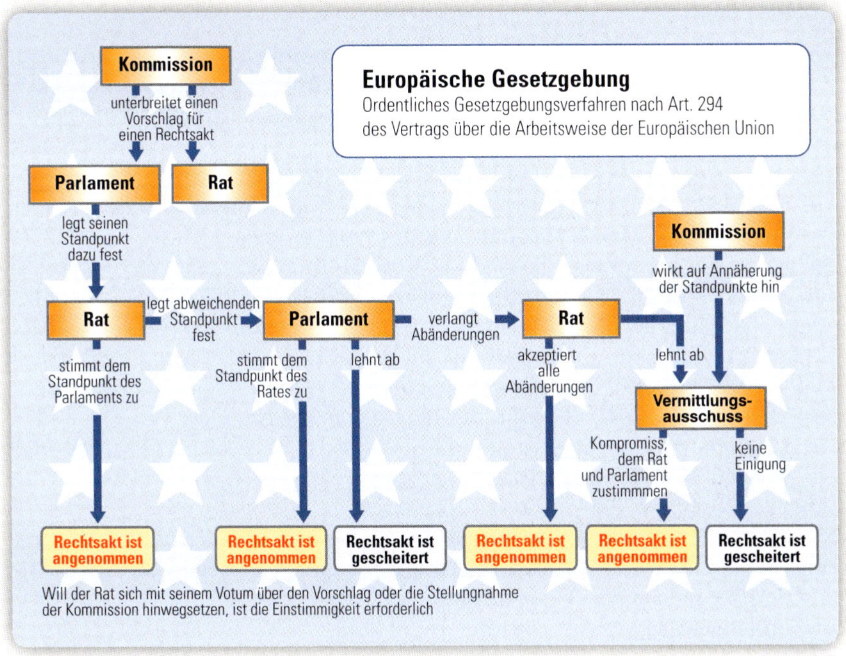

Europäische Gesetzgebung
Ordentliches Gesetzgebungsverfahren nach Art. 294 des Vertrags über die Arbeitsweise der Europäischen Union
Kommission
unterbreitet einen Vorschlag für einen Rechtsakt
Parlament
Rat
legt seinen Standpunkt dazu fest
Rat
legt abweichenden Standpunkt fest
Parlament
verlangt Abänderungen
Rat
Kommission
wirkt auf Annäherung der Standpunkte hin
stimmt dem Standpunkt des Parlaments zu
stimmt dem Standpunkt des Rates zu
lehnt ab
akzeptiert alle Abänderungen
lehnt ab
Vermittlungs-ausschuss
Kompromiss, dem Rat und Parlament zustimmen
keine Einigung
Rechtsakt ist angenommen
Rechtsakt ist angenommen
Rechtsakt ist gescheitert
Rechtsakt ist angenommen
Rechtsakt ist angenommen
Rechtsakt ist gescheitert
Will der Rat sich mit seinem Votum über den Vorschlag oder die Stellungnahme der Kommission hinwegsetzen, ist die Einstimmigkeit erforderlich

Wegen des mitunter schwierigen Einigungsprozesses unter allen Mitgliedstaaten in der Europäischen Union kommt der Kommission eine große Bedeutung zu. Ihre Mitglieder müssen im Vorfeld eines geplanten Gesetzgebungsverfahrens einen Vorschlag erarbeiten, der sowohl im Europäischen Parlament als auch im Rat konsensfähig sein sollte.

Zahlenbilder 715 420
© Bergmoser + Höller Verlag

Gewaltenteilung und -verschränkung in der EU

M 6

	Exekutive	Legislative	Judikative
Europäischer Rat	• Festlegen der grundlegenden politischen Ziele der EU		
Rat der EU	• Entscheidungen in außen- und sicherheitspolitischen Fragen	• Mitentscheidung bei der Gesetzgebung • Genehmigung des Haushaltsplans	
Europäische Kommission	• Durchführung der Beschlüsse des Rats • Umsetzung der Bestimmungen der Verträge • Verwaltung des EU-Haushaltes	• Gesetzesinitiativrecht • Erstellung des Haushaltsplans	
Europäisches Parlament		• Mitentscheidung bei der Gesetzgebung • Genehmigung des Haushaltsplans	
Gerichtshof			• Wahrung des EU-Rechts

Aufgaben

1. Vergleichen Sie mit Hilfe von M 5 die Rollen des Europäischen Parlaments und des Bundestages im Gesetzgebungsverfahren.
2. Stellen Sie fest, inwiefern durch die beschlossene EU-Richtlinie zu den Roaminggebühren die Verbraucherrechte gestärkt wurden. (M 3, M 4)
3. Tauschen Sie Ihre Meinungen dazu aus, inwieweit derartige Eingriffe der EU-Organe in den freien Wettbewerb zu rechtfertigen sind.

2.3 Zur Bedeutung des Europäischen Parlaments

M 7 Vom „Versuchslabor" zum „Mitgesetzgeber" – 30 Jahre EP, Interview mit MdEP Ingo Friedrich

Mit welchen Erwartungen und Vorstellungen haben Sie 1979 für das EP kandidiert und was davon ist Wirklichkeit geworden?

Als ich 1979 das erste Mal für das Europäische Parlament kandidierte, hegte ich sehr unterschiedliche Erwartungen: Auf der einen Seite war mir bewusst, dass das Parlament damals keine wirklichen Mitentscheidungsmöglichkeiten hatte und eine Art Versuchslabor darstellte. Auf der anderen Seite war zu diesem Zeitpunkt auch die große Begeisterung und Hoffnung der Wählerinnen und Wähler spürbar. Dies zeigte sich in einer mit 65,7 % vergleichsweisen hohen deutschen Wahlbeteiligung bei den Wahlen zum Europäischen Parlament im Jahre 1979. Die Menschen glaubten an Europa und gaben uns Abgeordneten den Auftrag, für die Bürgerinnen und Bürger in Europa etwas zu bewegen. Bis dieser Traum allerdings Wirklichkeit werden konnte und das Europäische Parlament vom Beratungsorgan zum tatsächlichen Mitgestalter der Gesetzgebung wurde, gingen Jahre ins Land. Zunächst standen viele organisatorische Aspekte im Vordergrund. Die Abgeordneten hatten noch keine eigenen Büros, geschweige denn eigene Telefone, sondern mussten an Telefonzellen anstehen. Zu den organisatorischen Problemen zählten z.B. der Ablauf der Sitzungen, die Definition europäischer Parteien und Fraktionen, die Formierung der Ausschüsse und Delegationen, Assistentenrechte, Vergütungen und vieles andere mehr.

Inwieweit ist der häufig geäußerte Einwand, die EU leide an einem „Demokratiedefizit", Ihrer Meinung nach berechtigt?

Das „Demokratiedefizit" ist eines jener Argumente, das gegen einen weiteren Kompetenzzuwachs der EU angewendet wird, aber mit zunehmender Kontrollmacht des Europäischen Parlaments an Schlagkraft verliert. Dennoch sind die Mitgestaltungsmöglichkeiten des Europäischen Parlaments auszuweiten, um letztlich alle Entscheidungen der EU-Ebene mit demokratischer Kontrolle zu unterstützen. Wichtig ist auch die demokratische Kontrolle der nationalen Minister durch das nationale Parlament, bevor sie in Brüssel im EU-Ministerrat als Mitgesetzgeber europäisch entscheiden.

Welchen Vorschlag hätten Sie, um die Stellung des EP im Sinne einer weiteren „Demokratisierung der EU" zu stärken?

Um die „Demokratisierung der EU" weiter voran zu treiben, war zunächst der erfolgreiche Abschluss des Lissabon-Prozesses wichtig, damit die Kontrollfunktion des Europäischen Parlaments als Mitgesetzgeber weiter gestärkt wird. Durch das Inkrafttreten des Vertrags von Lissabon bedürfen nun rund 90 Prozent aller Rechtsetzungsakte der EU der Zustimmung des Parlaments. Hierzu zählt aber auch die ständige Information und Einbeziehung der Bürger, um Europa durchschaubarer zu machen. Hinzu kommt der Ausbau einer europäischen Öffentlichkeit, um politische Sachverhalte auch unter dem europäischen Gemeinwohl-Aspekt diskutieren zu können.

Interview des Autors, Antwort per Mail durch Ingo Friedrich, November 2009

M 8 Das Parlament – Brüsseler Strippenzieher mit Biss

Die heutige Abstimmung des Europaparlaments über die neue Kommission[1] ist nur noch ein formaler Akt. In Gedanken sind die Abgeordneten längst weiter: Denn am Donnerstag werden die Parlamentarier tatsächlich ihre politischen Krallen ausfahren und das Swift-Abkommen[2], das den USA den Zugriff auf vertrauliche Bankdaten in der EU erlaubt, höchstwahrscheinlich aus seiner rechtlichen Verankerung reißen. So selbstbewusst hat sich das Parlament selten in die Beziehungen der EU mit den USA eingemischt. Bereits an ihrem zweiten Arbeitstag dürfte die Kommission damit die erste Niederlage kassieren. …

Das Europäische Parlament ist im Rampenlicht der EU-Politik angekommen. Wer Beispiele sucht, muss bloß einen Blick auf die aktuelle Plenartagung werfen. Darin befasst es sich – außer mit Bankdaten – mit den umstrittenen Ganzkörperscannern, der Unterbringung von Guantánamo-Häftlingen, dem sozialen Wohnungsbau und mit einem Rechtsanspruch auf Vaterschaftsurlaub.

Es sind Themen, die auch auf nationaler Ebene bewegen, über die aber immer häufiger der EU-Gesetzgeber zu entscheiden hat.

Das gewachsene Selbstbewusstsein lässt sich nur teilweise mit dem Lissabon-Vertrag begründen. Er hat das Parlament zwar endgültig auf Augenhöhe mit dem Ministerrat gebracht – von wenigen Politikbereichen abgesehen. Doch die Lust am politischen Taktieren schöpfen die EU-Abgeordneten vor allem daraus, dass es für sie zunehmend einfacher wird, die EU-Kommission im Alltagsgeschäft vor sich herzutreiben.

Die 26 Kommissionsmitglieder, darunter der neue Energiekommissar Günther Oettinger, werden heute in einem einzigen Abstimmungsvorgang gewählt. Aber sie erhalten nicht die gleiche Macht wie ihre Vorgänger. Die Abgeordneten haben zwar mit Brimborium die Anhörung der Kandidaten durchgezogen, das wahre Machtspiel fand jedoch hinter den Kulissen statt: Sie nutzten die Gunst der Stunde, ihr Machtverhältnis zur Kommission in einigen grundlegenden Punkten neu zu ordnen.

Dem Parlament fehlt zwar nach wie vor das Initiativrecht. Es hat aber lange schon die Möglichkeit, über einen Initiativbericht die Kommission anzuregen, gesetzgeberisch tätig zu werden. Die Kommission konnte dem folgen – oder es bleiben lassen. Letztere Variante fällt nun weg. Während vorn die Kandidaten getestet wurden, machte die Parlamentsspitze hinten dem Kommissionschef deutlich, dass er auf solche Berichte künftig zwingend zu reagieren habe. Barroso stimmte zu, ansonsten hätte es die heutige Abstimmung nicht gegeben …

Uwe Roth, Ein Parlament setzt sich in Szene, Stuttgarter Nachrichten online, 9.2.2010

1 für die Wahlperiode 2009 bis 2014. Diese Kommission wurde erstmals auf der Basis des Lissabon-Vertrages gewählt, der am 1.12.2009 in Kraft trat.

2 Das im Herbst 2009 vereinbarte Swift-Abkommen zwischen den USA und der Europäischen Union erlaubte den USA bei der Suche nach Terrorverdächtigen, Kontobewegungen zwischen EU-Bürgern und der Welt zu durchsuchen. Es wurde auf europäischer Seite noch von Kommission und Ministerrat ausgehandelt, bedurfte jedoch nach Inkrafttreten des Lissabonvertrages der Zustimmung durch das EU-Parlament. Dieses versagte wegen gravierender datenschutzrechtlicher Mängel seine Zustimmung.

Im Wahllokal

M 9

Schulz? Kenn ich nicht! Pöttering? Nie gehört! Koch-Mehrin? Keine Ahnung! Bütikofer? Wer ist denn das?! Bisky?! Passe!!
Das ist nun mal die Qual der Wahl...!
EUROPA-WAHL
KS 09

Karikatur: Klaus Stuttmann

M 10 Das Parlament – vom Wähler ignoriert

Warum das Wahlvolk dem Parlament die kalte Schulter zeigt, haben die Meinungsforscher des Eurobarometers ... ermittelt: Die Bürger wissen kaum etwas von seiner Rolle, sie glauben, ihre Stimme werde nichts ändern, und sie nehmen an, dass sich das Parlament nicht genug um ihre Probleme kümmert. Das Ansehen der Institution ist auf einen Tiefpunkt gefallen, lediglich 45 Prozent der Bürger vertrauen ihr noch. ...

Für Europaabgeordnete ist das ein Schlag in die Magengrube. Ihre Lebenswelt sieht nämlich ganz anders aus: Darin sind sie von Straßburger Mauerblümchen zu Brüsseler Strippenziehern aufgestiegen. Mit jeder Vertragsreform wuchsen ihre Kompetenzen. Wegen Korruptionsverdachts haben sie eine komplette Kommission zum Rücktritt gezwungen. Ihre Anhörungen neuer Kommissare sind Inquisitionen, denen sich kein nationaler Minister ausgesetzt sieht. ... Alles für die Katz? Wie kann es sein, dass die einzige EU-Institution, die direkt von den Bürgern bestimmt wird, diesen immer gleichgültiger wird, obwohl ihre Macht ständig zunimmt?

Die Frage rührt an die Wurzel des europäischen Politikbetriebs. Das Parlament verfügt zwar über zahlreiche Funktionen, die die Bürger von ihren nationalen Parlamenten kennen. Es beschließt den Haushalt der Union, berät über Gesetze, bildet Untersuchungsausschüsse. Ein Merkmal jedoch fehlt, das entscheidende: Im Europäischen Parlament entfällt das für den Parlamentarismus zentrale Widerspiel von Regierung und Opposition, Mehrheit und Minderheit. Was in einigen Mitgliedstaaten die Ausnahme ist, stellt hier die Regel dar: Das Parlament liegt in der Hand einer informellen Großen Koalition, Gesetze erreichen Zustimmungsraten von siebzig, achtzig Prozent. Kampfabstimmungen – Fehlanzeige.

So weit geht die Eintracht, dass die Fraktionen sogar das wichtigste Amt, den Parlamentsvorsitz, zwischen sich aufteilen. Seit 1989 wechseln die beiden größten Fraktionen, die Europäische Volkspartei (EVP) und die Sozialdemokratische Partei Europas (SPE), zur Halbzeit der Wahlperiode einander ab. Einmal durfte auch die Allianz der Liberalen und Demokraten (ALDE) dran. ... Doch für die praktische Arbeit des Parlaments ist dies kaum von Belang – es regiert der Konsens.

Das liegt wiederum nicht an der Harmoniebedürftigkeit der Abgeordneten, sondern an zwei institutionellen Festlegungen der Union. Zum einen müssen Beschlüsse in zweiter Lesung stets mit absoluter Mehrheit getroffen werden – und zwar der gewählten Abgeordneten, nicht bloß der anwesenden. „Kanzlermehrheit" heißt das im Bundestag, eine hohe Hürde für seltene Fälle wie die Wahl des Kanzlers oder die Vertrauensfrage. In der europäischen Wirklichkeit können solche Mehrheiten nur sichergestellt werden, indem die großen Fraktionen zusammenarbeiten und meistens noch kleine Partner mit an Bord nehmen.

Zum anderen ist das Parlament umso stärker, je geschlossener es den anderen Institutionen gegenübertritt: dem Ministerrat als Mitgesetzgeber und der Kommission als Exekutive mit dem Sonderprivileg, Gesetzesvorhaben zu initiieren. Je mehr Abgeordnete sich hinter ein Vorhaben stellen, desto eher sind die nationalen Regierungen bereit, im Vermittlungsverfahren (dritte Lesung) Zugeständnisse zu machen.

Thomas Gutschker, in: Rheinischer Merkur Nr. 23/2009, 4.6.2009, S. 7

Aufgaben

1. Finden Sie heraus, welche Abgeordneten die Wähler Ihrer Region im Europäischen Parlament vertreten und welchen Fraktionen sie angehören.
2. Erarbeiten Sie aus dem Interview mit MdEP Ingo Friedrich (M 7) die Argumente für eine positive Beurteilung der Rolle des EP innerhalb der EU sowie Kritikpunkte und Reformansätze im Sinne einer stärkeren Demokratisierung.
3. Suchen Sie nach Gründen dafür, dass das Europäische Parlament trotz immer größer gewordener Machtfülle und Bedeutung kaum die Aufmerksamkeit der Bürger auf sich zieht (M 8, M 10).

Die Europäisierung des Rechts

3

DEM DEUTSCHEN VOLKE

Die Aufteilung der Souveränität

Die Bundesrepublik Deutschland bekennt sich im Artikel 23 des Grundgesetzes dazu, bei der Entwicklung der Europäischen Union zur „Verwirklichung eines vereinten Europa" mitzuwirken und dafür auch Hoheitsrechte – wie zum Beispiel Gesetzgebungsrechte – an die EU abzutreten. Damit wird deutlich, dass eine immer tiefere europäische Integration auch mit immer weiteren Zugeständnissen der Einzelstaaten verbunden ist, auf eigene Souveränitätsrechte zu verzichten. Heute stellt sich die Europäische Union daher als ein supranationales Gebilde dar, dessen Beschlüsse in sehr vielen Politikbereichen nationale Entscheidungen ersetzen. Am Beispiel der europäischen Gesetzgebung soll in diesem Kapitel untersucht werden, wie stark dabei in den Souveränitätsbereich der Einzelstaaten eingegriffen wird und wie weit es sich dabei um eine Wechselwirkung von nationalstaatlichen und gemeinschaftlichen Interessen und Einflüssen handelt.

Die Schichten-Architektur der Zuständigkeiten

Entsprechend den Festlegungen in den Verträgen sind die Handlungs- und Gesetzgebungskompetenzen von Union und Mitgliedstaaten in den verschiedenen Politikbereichen unterschiedlich geregelt. Sie lassen sich in einer Schichten-Architektur darstellen.

Ausschließliche Zuständigkeit
Nur die Union kann gesetzgeberisch tätig werden. Sie handelt hier wie ein Staat, z.B. in der Zoll- und Handelspolitik und bei der Wettbewerbspolitik.

Geteilte Zuständigkeit
Die Mitgliedstaaten können tätig werden, wenn die EU keine Regelungen trifft, z.B. im Bereich des Verbraucherschutzes oder in der Umweltpolitik.

Unterstützung, Koordinierung oder Ergänzung von Maßnahmen der Mitgliedstaaten
z.B. in den Bereichen Gesundheit oder Bildung

Intergouvernementaler Bereich
Gemeinsame Beschlüsse der Mitgliedstaaten im Europäischen Rat oder im Ministerrat, vor allem in der Gemeinsamen Außen- und Sicherheitspolitik und bei der Koordinierung der Steuer-, Sozial- und Beschäftigungspolitik

Eingeschränkt werden die Kompetenzen der Union durch das **Subsidiaritätsprinzip**. Dies bedeutet, dass die Union in den Bereichen der geteilten Zuständigkeit nur dann tätig werden darf, wenn die Ziele der geplanten Regelungen weder auf nationaler noch auf regionaler oder lokaler Ebene zu erreichen sind.

Wechselwirkungen im Gesetzgebungsverfahren
M 3, M 4 (!)

Einerseits muss EU-Recht, wenn es im Gesetzgebungsprozess mit der entsprechenden Verbindlichkeit von der EU-Kommission, dem Rat und dem Europäischen Parlament auf den Weg gebracht und beschlossen worden ist, in nationales Recht umgesetzt werden. Andererseits gehen der Beschlussfassung aber lange Phasen der Kompromissfindung zwischen den einzelstaatlichen und den Gemeinschaftsinteressen voraus, in denen die nationalen Regierungen, insbesondere durch ihr Stimmgewicht im Rat, Einfluss auf die EU-Beschlüsse nehmen können.

Der Gerichtshof der EU (EuGH)

Eine wichtige Rolle spielt im Bereich des EU-Rechts auch der Gerichtshof der EU (EuGH), dessen Richter und Generalanwälte von den Regierungen der Mitgliedstaaten im gegenseitigen Einvernehmen auf sechs Jahre ernannt werden. Der EuGH gilt als oberster Hüter des **Europarechts** und entscheidet Verfassungsfragen ebenso wie Verwaltungsangelegenheiten oder Zivilstreitigkeiten. Außerdem ist er eine Schieds- und Gutachterinstanz. Seit 1988 ist dem EuGH ein Gericht erster Instanz zugeordnet, das u. A. für Bürgerklagen zuständig ist.

3.1 Das Gemeinschaftsrecht der Europäischen Union

M 1

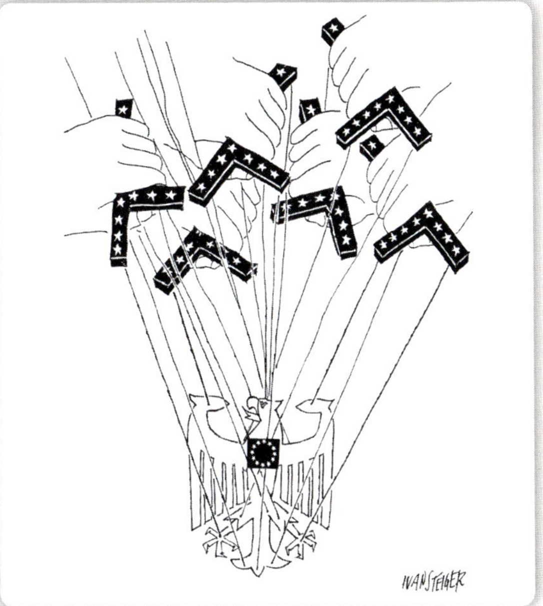
IVAN STEIGER

Karikatur: Ivan Steiger

EU-Recht im Alltag

M 2

Charta fürs Internet

... Was am Donnerstag in Straßburg wirklich verabschiedet wurde, war ein Kompromiss, auf den sich die EU-Mitgliedstaaten erst nach langer Debatte einigen konnten, und der von manchen nationalstaatlichen Initiativen in Konsequenz und Wirkung weit übertroffen wird. Dennoch haben die Parlamentarier Großes geleistet. Zum ersten Mal weltweit wurde am Donnerstag der Schutz von Bürgerrechten im Internet explizit gesetzlich festgeschrieben. Damit schafft die Europäische Union zumindest im Ansatz, worüber die Vereinten Nationen seit 20 Jahren diskutieren: eine Charta der Internetrechte. ... Nicht nur für die tägliche Arbeit privater Nutzer relevant, sondern grundlegend für die Entwicklung des gesamten Netzes sind weitere Aspekte der neuen Regelung, die bis Mitte 2011 von den EU-Mitgliedstaaten in nationales Recht umgesetzt werden müssen ...

Oliver Bilger/Johannes Boie, in: Süddeutsche Zeitung Nr. 272, 25.11.2009, S. 13

Das Geschäft mit den Mogelpackungen

Die neue EU-Verpackungsverordnung hat die in Deutschland bislang vorgeschriebenen Einheitsgrößen bei Grundnahrungsmitteln und anderen Produkten gekippt. So wiegt eine Tafel Schokolade demnächst womöglich nur noch 83 statt 100 Gramm – bei gleichem Preis. „Nun hat sich die Lobby der Lebensmittelindustrie endgültig durchgesetzt", sagt Silke Schwartau *stern.de*. Für die Hamburger Verbraucherschützerin kommt das Dekret der EU einer „Lizenz zum Mogeln" gleich. Hintergrund: Die genormten Größen hatten auch den Sinn, Konsumenten direkte Vergleiche zu erleichtern. Doch künftig werden sie wieder genauer auf die Angaben am Regal achten müssen. Denn die Hersteller können nun völlig frei die Verpackungsmengen bestimmen. Verbraucherschützer befürchten ein „totales Preis-Wirrwarr". Die Händler hingegen jubeln über die Liberalisierung: „Hier hat man eine überflüssige Vorschrift abgeschafft", sagt Hubertus Pellengahr vom Hauptverband des Deutschen Einzelhandels (HDE). So könne man jetzt bedarfsgerechte Verpackungen etwa für Singles oder ältere Menschen anbieten.

stern.de, 15.4.2009

Urteil des EuGH – Hoffnung für Riester-Sparer

... Jubeln können jetzt vor allem Rentner, die ihren Lebensabend im Ausland verbringen wollen, ausländische Arbeitnehmer, die nach dem Ende ihrer beruflich aktiven Zeit wieder in die Heimat zurückkehren und Grenzgänger. Für sie galt bisher: Zahlen sie in Deutschland keine Steuern mehr, müssen sie die Riester-Förderung – zumindest teilweise – zurückzahlen. Verbraucherschützer hatten immer wieder moniert, diese Personengruppen würden daher den Abschluss einer Riester-Rente scheuen.

Ebenso störten sich die Luxemburger Richter an dem Punkt, wonach Riester-Rentner das mit staatlicher Hilfe angesparte Kapital nur dann für den Kauf einer Immobilie verwenden dürfen, wenn sich das Haus oder die Wohnung in Deutschland befindet.

sz-online, 10.9.2009

Microsoft zu 900 Millionen Euro Bußgeld verurteilt

Die EU-Kommission hat gegen Microsoft erneut eine hohe Kartellstrafe verhängt. Dem weltgrößten Softwarekonzern werde ein Zwangsgeld von fast 900 Millionen Euro auferlegt, weil das Unternehmen Konkurrenten bis zum Oktober 2007 ungerechtfertigte Lizenzgebühren für technische Informationen berechnet habe, teilte die Kommission mit. Microsoft habe damit gegen frühere EU-Auflagen aus dem Jahr 2004 verstoßen. ... Die EU-Kommission hatte Microsoft vor vier Jahren wegen Missbrauchs einer marktbeherrschenden Stellung schwer bestraft. Der Konzern musste seitdem rund 778 Millionen Euro Bußgelder an die EU-Kasse überweisen. Microsoft musste zudem technische Einzelheiten für andere Hersteller offenlegen, damit deren Software mit dem Microsoft-Betriebssystem Windows vereinbar wird.

Nach Ansicht der Kommission kam Microsoft dieser zwingenden Verpflichtung bis Oktober 2007 nicht nach. Erst dann seien die Lizenzgebühren wie gefordert gesenkt worden. „Microsoft ist das erste Unternehmen seit Einführung der EU-Wettbewerbspolitik vor 50 Jahren, gegen das die Kommission eine Geldbuße wegen Nichteinhaltung einer Kartellentscheidung verhängen muss", erklärte Kroes[1].

tagesschau.de, 27.2.2008

Europäische Gesundheitspolitik – Heilung oder Selektion

Gesundheitspolitik ist Gesellschaftspolitik. Ein drastisches Beispiel dafür liefert dieser Tage der Gesundheitsausschuss des Europäischen Parlaments, der sich mit dem Thema „Seltene Erkrankungen" befasst. Als selten gilt nach Definition der Europäischen Union eine Erkrankung, die bei höchstens fünf von 10.000 Einwohnern auftritt. Deswegen haben Ärzte meist wenig Erfahrung bei deren Behandlung, und Krankheitsverläufe und Therapiemöglichkeiten sind wenig erforscht. Auch Standardtherapien und zugelassene Medikamente gibt es kaum. Auf EU-Ebene wird daher von der Kommission versucht, nationale Bemühungen zu bündeln und zusätzliche Anreize zu schaffen, damit die Ursachenforschung und Entwicklung von Behandlungsstrategien intensiviert werden.

Diese klare Zielsetzung der Kommission mündete in eine „Empfehlung des Rates für eine europäische Maßnahme im Bereich seltener Krankheiten", die in erster Linie versucht, die Lage erkrankter Menschen zu verbessern. Jetzt wird das Ziel durch die Beschlüsse des Gesundheitsausschusses des Europaparlaments zur „Empfehlung des Rates" konterkariert. In seinen Beschlüssen, die auch die erheblichen Kosten der Behandlung seltener Erkrankungen zum Thema machen, unterscheidet der Gesundheitsausschuss nicht zwischen medizinischer Behandlung und der Verhinderung der Geburt von Menschen, die eine Krankheit haben könnten.

faz.net, 9.4.2009

[1] *Neelie Kroes, 2004 bis 2010 EU-Wettbewerbskommissarin, seit Februar 2010 EU-Kommissarin für die Digitale Agenda.*

Das Gemeinschaftsrecht der Europäischen Union

M 3

PRIMÄRRECHT	Verträge = Vereinbarungen im Europäischen Rat in Form von Verträgen (Ratifikation durch die nationalen Parlamente bzw. Plebiszite)
SEKUNDÄRRECHT	Beschlüsse von Ministerrat und Parlament in Form von europäischen Gesetzen • **Verordnungen** direkt nach ihrer Verabschiedung in allen Mitgliedstaaten gültig • **Richtlinien** inhaltlich durch Mitgliedstaaten in nationales Recht umzusetzen (Ziel und Zeitrahmen genau festgelegt) • **Entscheidungen und Beschlüsse** rechtlich verbindliche Festlegungen des Ministerrates oder der Europäischen Kommission im Einzelfall • **Empfehlungen/ Stellungnahmen** nicht verbindlich
RECHTSPRECHUNG	Urteile des EuGH

Autorentext

Aufgaben

1. Ermitteln Sie anhand der Beispiele in M 2 in arbeitsteiliger Gruppenarbeit, in welchen Rechtsbereichen die EU Einfluss auf nationales Recht nimmt.
2. Bestimmen Sie anhand der Übersicht M 3, auf welche Rechtsquellen sich die Zeitungsberichte beziehen.
3. Erwägen Sie vor dem Hintergrund der Ergebnisse der Gruppenarbeit sowie der Karikatur M 1, inwiefern bei der Europäisierung des Rechts von einer „Wechselwirkung zwischen EU und den Nationalstaaten" gesprochen werden kann.

3.2 Nationale Grenzen des EU-Einflusses

M 4 ! EU-Recht und Grundgesetz – wie weit geht Brüssels Macht ?

Mit dem im Jahr 2007 beschlossenen Reformvertrag (auch Lissabon-Vertrag genannt) soll die Europäische Union effizientere Strukturen erhalten: Im EU-Ministerrat soll häufiger als bisher die einfache Mehrheit der Stimmen genügen, das Europäische Parlament soll, insbesondere in der Rechts- und Innenpolitik, größeren Einfluss bekommen. …

Gegen diesen Vertrag hatten sowohl der CSU-Politiker Peter Gauweiler als auch Politiker der Linken geklagt. Die Kläger warnten davor, dass der Bundestag bald nicht mehr viel zu entscheiden habe. Dann sei Deutschland kein richtiger Staat mehr und das Wahlrecht entleert.

Im Kern hat das Bundesverfassungsgericht die Klagen abgelehnt. Deutschland sei immer noch ein „souveräner Staat". Die EU sei ihrerseits kein eigenständiger Bundesstaat, sondern stehe weiterhin unter der Kontrolle der Mitgliedstaaten. … Allerdings komme die Menge der EU-Befugnisse einem selbständigen Staat schon recht nahe. …

Das Gericht sieht die Lösung … in einer besseren Kontrolle der EU-Gremien. Es müsse sichergestellt werden, dass diese sich an die eingeräumten Befugnisse halten und dass in Deutschland „wesentliche Räume zur politischen Gestaltung der wirtschaftlichen, kulturellen und sozialen Lebensverhältnisse" bestehen bleiben. Solange das gewahrt sei, könnten weitere Befugnisse auf die EU übertragen werden.

Im Kern müssten aber folgende Bereiche in nationaler Zuständigkeit bleiben: Strafrecht, Polizei, Militär, Steuer-, Sozial- und Medienpolitik, Bildung, Kultur und Religionsfragen. Hier solle sich die EU auf die Lösung grenzüberschreitender Probleme beschränken. Um zu verhindern, dass die EU-Befugnisse stillschweigend ausgeweitet werden, verlangt das Verfassungsgericht, dass der Bundestag jeweils per Gesetz zustimmt, wenn die EU ohne Vertragsänderung neue Aufgaben erhält. Bisher konnte der Bundestag in solchen Fällen nur ein Vetorecht geltend machen oder sogar nur eine Stellungnahme abgeben. So viel Laissez-faire halten die Richter aber für verfassungswidrig. Die neuen Aufgaben des Bundestags müssen nun im Begleitgesetz zum Lissabon-Vertrag festgeschrieben werden. Und soweit neue Strafrechtskompetenzen auf die EU übertragen werden, soll der Bundestag der Bundesregierung sogar „Weisungen" für ihr Abstimmungsverhalten im Ministerrat erteilen – ein Punktgewinn für die Kläger.

Das Verfassungsgericht hat sich aber auch selbst Kontrollrechte vorbehalten, weil es dem eigentlich zuständigen Gericht, dem Europäischen Gerichtshof, misstraut. So will Karlsruhe auf Antrag einschreiten, wenn die EU „ersichtlich" ihre Befugnisse überschreitet. … man [will] künftig auch prüfen …, ob die EU in den „unantastbaren Kerngehalt der deutschen Verfassungsidentität" eingreift, ob also Demokratie, Rechtsstaat und Menschenwürde verletzt sind. Diese Kontrollrechte will das Gericht allerdings „europarechtsfreundlich" anwenden, versprachen die Richter.

BUNDESTAGS SCHMIEDE
LISSABON-VERTRAG
GRUNDGESETZ
ÄNDERUNGSWÜNSCHE
30.6.09

Pepsch Gottscheber

Christian Rath, EU-Vertrag mit Grundgesetz vereinbar, in: die Tageszeitung, 1.7.2009

Aufgaben

1. Ermitteln Sie anhand von M 4 die Grenzen, die das Bundesverfassungsgericht dem Einfluss der EU auf nationale Angelegenheiten setzt.
2. Überlegen Sie, was dieses Urteil für den weiteren europäischen Integrationsprozess bedeutet.

Chancen und Probleme europäischer Außenpolitik

4

Nach dem Ende des Ost-West-Konfliktes zu Beginn der 90er-Jahre ist ein Politikbereich stärker in den Fokus der Europäischen Union gerückt, der bis dahin in erster Linie als nationale Angelegenheit galt: die Außenpolitik. Zwar hatte man bereits 1970 eine **Europäische Politische Zusammenarbeit** (EPZ) beschlossen, die 1987 auch in die Europäischen Verträge aufgenommen wurde, jedoch handelte es sich dabei lediglich um eine unverbindliche Koordinierung der nationalen Außenpolitiken.

Erste Ansätze einer außenpolitischen Zusammenarbeit

Im Vertrag von Maastricht einigte man sich 1992 explizit darauf, eine **Gemeinsame europäische Außen- und Sicherheitspolitik (GASP)** als intergouvernementalen Politikbereich der Europäischen Union zu begründen. Damit sollte ein Rahmen für die außenpolitischen Aktionsmöglichkeiten der EU geschaffen und sie dadurch nach außen als geschlossen auftretender internationaler Akteur wahrgenommen werden.

Die europäische Außenpolitik wird Realität
M 2

In den Verträgen seit Maastricht wurde die GASP – auch institutionell – weiter gestärkt. So wurde 1999 das Amt eines **Hohen Vertreters für die Gemeinsame Außen- und Sicherheitspolitik** eingeführt. Im Reformvertrag von Lissabon ist dieses Amt zu einer Art „EU-Außenminister" aufgewertet worden, der zusätzlich zu seinen bisherigen Aufgaben auch einen sogenannten „Doppelhut" innehat: Er übt den Vorsitz im Rat für Auswärtige Angelegenheiten aus und gehört gleich-

Neue Telefonnummern für Europa
M 6 !

zeitig als Vizepräsident der EU-Kommission an. So soll er mögliche Reibungspunkte zwischen den Organen ausgleichen und eine Außenpolitik aus einem Guss gewährleisten. Unterstützt wird er bei seiner Tätigkeit von einem neu geschaffenen Europäischen Auswärtigen Dienst. Neben dem Hohen Vertreter repräsentiert der **Präsident des Europäischen Rates** die Union nach außen.

In der Außen- und Sicherheitspolitik bleibt es aber trotz dieser institutionellen Reformen grundsätzlich bei einer intergouvernementalen Zusammenarbeit. Ihre Souveränität in der Außen- und Sicherheitspolitik wollten die Mitgliedstaaten nicht an die Gemeinschaft abtreten. Nur in geringem Maße sind die Europäische Kommission und auch das Europäische Parlament in die Entscheidungsprozesse eingebunden.
Die wichtigsten Entscheidungen – vor allem über militärische Maßnahmen oder Verteidigungseinsätze – werden einstimmig getroffen. Um sich bei GASP-Beschlüssen ggf. nicht unnötig zu blockieren, hat die Union jedoch auch flexiblere Abstimmungsverfahren eingeführt: So können sich z.B. einzelne Regierungen der Stimme enthalten oder es wird der Mehrheit der Länder erlaubt, eigenständig zu handeln.

Die Gemeinsame Sicherheits- und Verteidigungspolitik (GSVP)
M 3

Teil der Europäischen Außenpolitik ist die Gemeinsame Sicherheits- und Verteidigungspolitik (GSVP, vor Lissabon: Europäische Sicherheits- und Verteidigungspolitik, ESVP). Sie gewährleistet die autonome Fähigkeit der EU zur Durchführung von zivilen und militärischen Missionen zur Friedenssicherung und -erhaltung. In der Regel wird dabei eng mit anderen internationalen Organisationen wie der NATO kooperiert.
Wegen Vorbehalten gegenüber zu starken Eingriffen in die nationalstaatliche Souveränität sowie konkurrierenden bündnispolitischen Interessen geht es auf dem Weg zu einer gemeinsamen europäischen Sicherheitspolitik eher schleppend voran. Anders als bei der Europäisierung des Rechts sind die Einzelstaaten im Bereich der Sicherheitspolitik weniger leicht bereit, sich einem Gemeinschaftsinteresse zu unterwerfen. So dürfte wohl auch das Ziel, eine gemeinsame europäische Armee zu rekrutieren und dadurch die nationalstaatlichen Streitkräfte zu ersetzen, in der näheren Zukunft kaum zu realisieren sein.

4.1 Die EU als internationaler Akteur

M 1

Die gemeinsame Außenpolitik in der Karikatur

1809...
...2009

Der kleine Unterschied ...
Karikatur: Thomas Wizany, 30.5.2009

...DOCH NIEDLICH!...
21.XI
H.V.ROMPUY
C.ASHTON
"...UND STÖREN DEN BLICK AUF'S WESENTLICHE NICHT!

„... und stören den Blick auf's Wesentliche nicht."
Karikatur: Horst Haitzinger, 21.11.2009

EU-RATS-PRÄSIDENT
19.XI
EUROPA SUCHT DEN SUPERSTIER - (ODER KUH!)

Europa sucht den Superstier
Karikatur: Horst Haitzinger, 19.11.2009

MAL SCHAUEN
JA
UNTER UMSTÄNDEN
NEIN
IRAK-KRIEG .. EUROPA BEZIEHT STELLUNG

Irak-Krieg ... Europa bezieht Stellung
Karikatur: Thomas Plassmann, o.J.

Aufgaben

1. Suchen Sie sich eine Karikatur aus und interpretieren Sie diese mit Hilfe der Methodenhinweise auf S. 42.
2. Tragen Sie die in den Karikaturen enthaltenen Argumente für eine Erörterung zum Thema: „Chancen und Grenzen einer gemeinsamen europäischen Außenpolitik" auf einem Plakat zusammen.

Methode

Interpretation politischer Karikaturen

„Ridentem verum dicere“ (Lachend die Wahrheit sagen). So definiert der römische Dichter Horaz die Satire, als deren bildliche Form die Karikatur betrachtet werden kann. Wie bei der Satire spielt auch bei der Karikatur der Humor eine wesentliche Rolle. Die politische Karikatur „überzeichnet“ bewusst politische Ereignisse, Sachverhalte oder Handlungen von Personen und/oder Institutionen, um sie in ironischer und/oder sarkastischer Weise kritisch zu kommentieren.

Man kann **Sachkarikaturen** von **personalen Karikaturen** unterscheiden. Die Personen können dabei entweder stellvertretend für einen bestimmten Menschentypen, für eine Nation, eine Institution o.Ä. stehen oder bekannte Persönlichkeiten darstellen. Die **Typenkarikaturen** greifen in der Regel auf bestimmte Metaphern und Allegorien zurück, die geübte Betrachter von Karikaturen sofort dechiffrieren können. Besonders häufig werden von politischen Karikaturisten folgende Allegorien verwendet:

- der Michel für das deutsche Volk
- die Marianne oder der gallische Hahn für die Franzosen
- Uncle Sam für die USA
- ein Bär für Russland
- das Mädchen Europa mit dem als Stier verwandelten Zeus für die Europäische Union
- die Weltkugel für die UNO

In **Individualkarikaturen** werden durch charakteristische, übertrieben gezeichnete Gesichtszüge, Frisuren oder Attribute, wie Brille oder Pfeife, bekannte Politiker so dargestellt, dass sie vom politisch interessierten Betrachter unschwer erkannt werden können.

Arbeitsschritte bei der Interpretation einer Karikatur

1. **Beschreiben Sie die Karikatur (Bild und Text) möglichst detailgenau!**
   - Welche Einzelheiten/Personen fallen sofort ins Auge, was steht im Mittelpunkt?
   - Wie wird die Umgebung/der Hintergrund gestaltet?
   - Welche Details passen scheinbar nicht in den Kontext?
   - Wie lautet die Überschrift/der Untertitel oder welcher Text steht im Bild selbst?

2. **Achten Sie auf mögliche Metaphern oder Allegorien und deuten Sie sie im Kontext der Karikatur!**
   - Stellen die gezeichneten Personen Typen oder bekannte Politiker dar?
   - Sind Tiere abgebildet, die als Allegorien für Länder/Organisationen stehen können?
   - Lassen sich andere Symbole finden (z.B. Euro-/Dollarzeichen, Weltkugel, Friedenstaube)?
   - In welchem Zusammenhang stehen die abgebildeten Metaphern und Allegorien?

3. **Bringen Sie Ihre Beobachtungen in den Kontext eines politischen Ereignisses/Sachverhaltes und deuten Sie sie entsprechend. Achten Sie auch hierbei auf jedes Detail!**
   - Lassen sich Anspielungen auf ein bestimmtes politisches Ereignis, einen Prozess oder einen Zustand entdecken?
   - Wann und wo wurde die Karikatur veröffentlicht? Lässt sich daraus etwas über den politischen Inhalt der Karikatur erschließen?
   - Wie lassen sich vor diesem Hintergrund die im 1. Schritt beobachteten Details interpretieren?
   - Wo finden sich „Doppeldeutigkeiten“?

4. **Formulieren Sie die Aussage der Karikatur sowie ihre Kritik!**
   - Wie lassen sich die Beobachtungen in einen Satz zusammenfassen, der die Aussage der Karikatur vollständig wiedergibt?
   - Worin genau liegt die Kritik des Zeichners? Wodurch erreicht er sein Ziel?

5. **Nehmen Sie persönlich Stellung zur Karikatur!**
   - Halten Sie die in der Karikatur geäußerte Kritik für gerechtfertigt?

Handlungsfelder der europäischen Außenpolitik

M 2

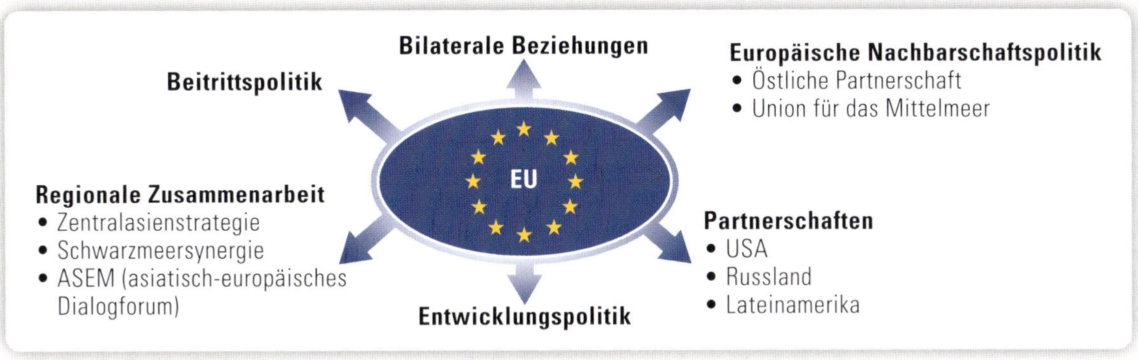
Bilaterale Beziehungen
Beitrittspolitik
Europäische Nachbarschaftspolitik
• Östliche Partnerschaft
• Union für das Mittelmeer
EU
Regionale Zusammenarbeit
• Zentralasienstrategie
• Schwarzmeersynergie
• ASEM (asiatisch-europäisches Dialogforum)
Partnerschaften
• USA
• Russland
• Lateinamerika
Entwicklungspolitik

nach: BpB, Die Außenpolitik der EU, www1.bpb.de/files/SSP6O6.pdf

Außenpolitische Akteure der EU

M 3

*Der **Europäische Rat** gibt die Leitlinien für die Außen- und Sicherheitspolitik vor.*

*Der **Rat für Auswärtige Angelegenheiten** legt die Einzelheiten der auswärtigen Politik fest.*

*Die Umsetzung der GASP ist Aufgabe der **Hohen Vertreterin für die Außen- und Sicherheitspolitik**, Catherine Ashton.*

*Der **Präsident des Europäischen Rats**, Herman Van Rompuy, repräsentiert als Vertreter der europäischen Regierungen die Union nach außen.*

*Dem **Kommissionspräsidenten**, José Manuel Barroso, obliegt die Außenvertretung in Bereichen, die nicht zur GASP gehören, also z.B. in der Handelspolitik.*

*Bei Verträgen oder bei Neuaufnahmen muss das **Europäische Parlament** zustimmen.*

Aufgaben

1. Zeichnen Sie ein Organigramm mit den außenpolitischen Akteuren der EU (M 3) und machen Sie durch eine entsprechende Auszeichnung Beziehungen untereinander deutlich (direkter Einfluss: Pfeil; indirekter Einfluss: gestrichelter Pfeil).
2. Wen würden Sie als erstes in der EU anrufen, wenn Sie a) Staatschef eines europäischen Kleinstaates wären und der EU beitreten wollten, b) Hilfsaktionen nach einem verheerenden Erdbeben in der Mittelmeerregion starten wollten? Begründen Sie Ihre Antwort.

M 3 Ziele und Aufgaben der Gemeinsamen Sicherheits- und Verteidigungspolitik

Die Europäische Sicherheits- und Verteidigungspolitik (ESVP) … dient dazu, die Interessen der Europäischen Union durch militärische und zivile Missionen durchzusetzen. … Die Landesverteidigung bleibt allerdings weiterhin Aufgabe der NATO, sie ist kein Bestandteil der ESVP. Diese richtet sich vielmehr darauf, die Interessen der EU außerhalb des EU-Territoriums durch zivile und militärische Missionen herzustellen. Dabei soll durch einen Einsatz von zivilen Beratern, Richtern, Polizisten oder eben auch Soldaten auf einen Krisenherd eingewirkt werden, um die sogenannten Petersberg-Aufgaben zu erfüllen. Bei diesen – auf dem Petersberg bei Bonn 1992 definierten – Zielen handelt es sich um humanitäre Aufgaben und Rettungseinsätze, friedenserhaltende Aufgaben sowie Kampfeinsätze bei der Krisenbewältigung, einschließlich friedensschaffender Maßnahmen.
Seit Beginn der ESVP hat die EU über 20 solcher Missionen ins Leben gerufen. …
Bei der Mehrzahl der EU-Missionen handelt es sich um zivile Einsätze, die dazu dienen sollen, den Partnerstaaten durch Rat, Beobachtung und Ausbildung(-sunterstützung) beim Aufbau fester Strukturen zu helfen.

www.bpb.de/files/KQZX3R.pdf (abgerufen am 05.12.2009)

M 4 Friedenserhaltende und friedenschaffende Einsätze der EU

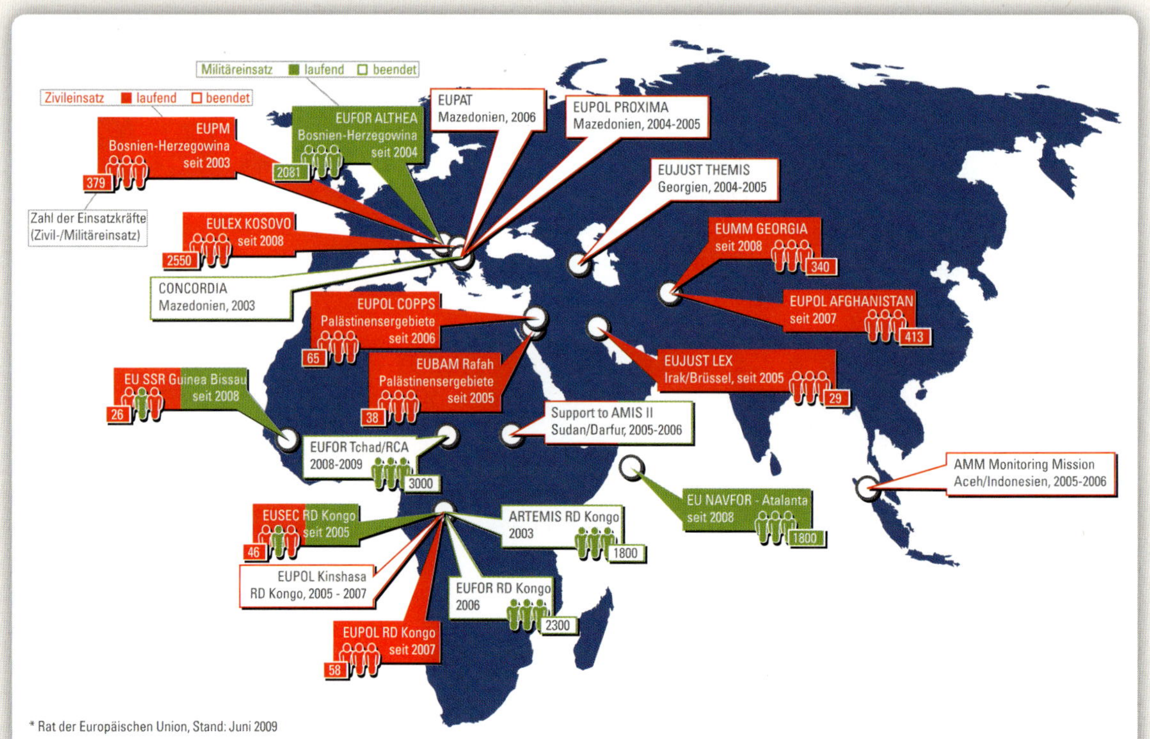
Militäreinsatz ■ laufend □ beendet
Zivileinsatz ■ laufend □ beendet
EUPM Bosnien-Herzegowina seit 2003
379
EUFOR ALTHEA Bosnien-Herzegowina seit 2004
2081
Zahl der Einsatzkräfte (Zivil-/Militäreinsatz)
EUPAT Mazedonien, 2006
EUPOL PROXIMA Mazedonien, 2004-2005
EUJUST THEMIS Georgien, 2004-2005
EULEX KOSOVO seit 2008
2550
CONCORDIA Mazedonien, 2003
EUMM GEORGIA seit 2008
340
EUPOL COPPS Palästinensergebiete seit 2006
65
EUPOL AFGHANISTAN seit 2007
413
EU SSR Guinea Bissau seit 2008
26
EUBAM Rafah Palästinensergebiete seit 2005
38
EUJUST LEX Irak/Brüssel, seit 2005
29
Support to AMIS II Sudan/Darfur, 2005-2006
EUFOR Tchad/RCA 2008-2009
3000
AMM Monitoring Mission Aceh/Indonesien, 2005-2006
EUSEC RD Kongo seit 2005
46
ARTEMIS RD Kongo 2003
1800
EU NAVFOR - Atalanta seit 2008
1800
EUPOL Kinshasa RD Kongo, 2005 - 2007
EUFOR RD Kongo 2006
2300
EUPOL RD Kongo seit 2007
58

* Rat der Europäischen Union, Stand: Juni 2009

www.bpb.de/files/KQZX3R.pdf

Aufgabe

Tipp für ein Referat: Recherchieren Sie ausgehend von *http://europa.eu* den gegenwärtigen Stand der Gemeinsamen Sicherheits- und Verteidigungspolitik und stellen Sie einen aktuellen Einsatz im Rahmen der GSVP dar.

4.2 Die Europäische Außen- und Sicherheitspolitik in der Diskussion

Die Meinung der Bürger

M 5

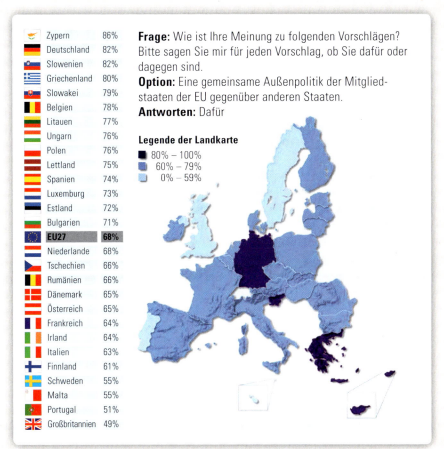

Zypern	86%
Deutschland	82%
Slowenien	82%
Griechenland	80%
Slowakei	79%
Belgien	78%
Litauen	77%
Ungarn	76%
Polen	76%
Lettland	75%
Spanien	74%
Luxemburg	73%
Estland	72%
Bulgarien	71%
EU27	**68%**
Niederlande	68%
Tschechien	66%
Rumänien	66%
Dänemark	65%
Österreich	65%
Frankreich	64%
Irland	64%
Italien	63%
Finnland	61%
Schweden	55%
Malta	55%
Portugal	51%
Großbritannien	49%

Frage: Wie ist Ihre Meinung zu folgenden Vorschlägen? Bitte sagen Sie mir für jeden Vorschlag, ob Sie dafür oder dagegen sind.

Option: Eine gemeinsame Außenpolitik der Mitgliedstaaten der EU gegenüber anderen Staaten.

Antworten: Dafür

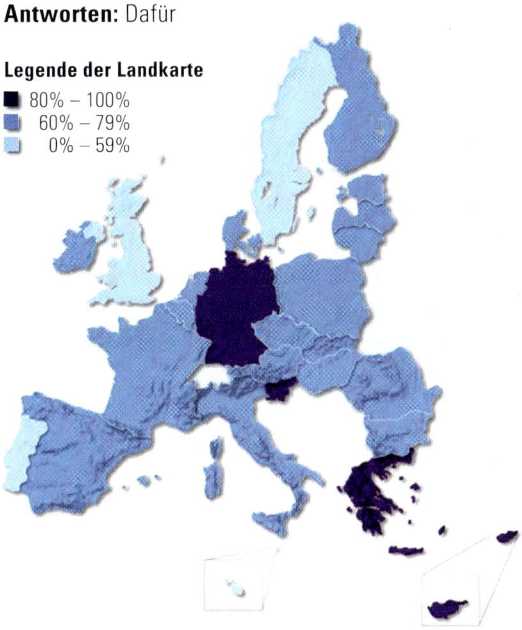
Legende der Landkarte
80% – 100%
60% – 79%
0% – 59%

Nahezu 7 von 10 Bürgern der Europäischen Union (68%) befürworten eine gemeinsame Außenpolitik. Seit Herbst 2007 ist die Zustimmung allerdings geringfügig um 2 Punkte zurückgegangen. In allen Mitgliedstaaten lassen sich deutliche Mehrheiten für die positiven Ansichten feststellen. Insbesondere auf Zypern (86%), in Deutschland und Slowenien (jeweils 82%) sowie in Griechenland (80%) kann ein besonders hohes Maß an Unterstützung der europäischen Außenpolitik festgestellt werden. Weniger als einer von zwei Befragten im Vereinigten Königreich (49%) und 55% der Schweden erklären, einer gemeinsamen Außenpolitik positiv gegenüber zu stehen. Wenn auch nur wenig mehr als die Hälfte der Portugiesen (51%) und der Maltesen (55%) diese Politik unterstützen, sollte für diese zwei Länder allerdings hinzugefügt werden, dass der Anteil an Befragten, die auf diese Frage nicht geantwortet haben, besonders hoch ausfällt (22% bzw. 26%).

Die gemeinsame Sicherheits- und Verteidigungspolitik erfährt noch mehr Zustimmung unter den Befragten und wird von mehr als drei Vierteln der europäischen Bürger (76%) befürwortet. In jedem der 27 Mitgliedstaaten findet sich eine Mehrheit von Befragten, die dieser Politik zustimmt.

Eurobarometer 69, 5. Die Europäische Union heute und in der Zukunft. Frühling 2008, S. 23-25

M 6 ! Lächerlich, schwach und aufgeblasen

Warum schaffen wir Europäer es nicht, uns auf ein gemeinsames Vorgehen zu einigen, wenn es darum geht, mit dem Rest der Welt zu verhandeln? Auf unserem eigenen Kontinent haben wir großartige Dinge geleistet: Wir haben die ehrgeizigste Erweiterung in der Geschichte der EU fast zu Ende gebracht, der zehnte Geburtstag des Euro liegt hinter uns. In der Außenpolitik aber sind wir kaum weiter gekommen. Und die Zeit steht nicht auf unserer Seite. Während Mächte wie China und Indien wachsen, nimmt die relative Macht Europas ab. Die globale Erwärmung und die Verbreitung von Kernwaffen sind Themen, die nicht warten, bis wir unsere endlosen internen Diskussionen beendet haben.

Es gibt zwei Schlüssel, um unser Handeln zusammen zu bringen: einen institutionellen und einen politischen. In den vergangenen zehn Jahren haben wir zu sehr auf den institutionellen geachtet, und zu wenig auf den politischen. …

Institutionen sind nur Mittel zum Zweck. Wo es einen politischen Willen gibt, findet sich auch ein institutioneller Weg. Ohne diesen Willen aber können auch die besten Institutionen nichts ausrichten. Solange wir, die Völker in der EU, nicht aufwachen und unsere Politiker nicht auffordern, gemeinsam zu handeln – so lange werden sie keinen Anreiz haben, das zu tun.

Damit sie eine starke, gemeinsame, europäische Stimme nicht kurzfristigen innenpolitischen Vorteilen opfern, müssen wir selbst begreifen, in welch gefährlicher Welt wir heute leben: einer Welt, in der wir einen langen Kampf um unseren wohlhabenden, freien und zivilisierten Lebensstil vor uns haben. Solange wir Europäer nicht unsere Kräfte vereinen, werden unsere amerikanischen, chinesischen und russischen „Freunde“ in ihrer Geringschätzung uns gegenüber nur bestätigt.

Timothy Garton Ash (Professor für Europäische Studien an der Universität Oxford)
Übersetzung: Franziska Brüning; SZ-online vom 8.01.2009
www.sueddeutsche.de/politik/73/453761/text/

Aufgaben

1. Die Meinungsumfrage (M 5) zeigt unterschiedliche Zustimmungsraten in den einzelnen Mitgliedstaaten zu einer gemeinsamen europäischen Außenpolitik. Erwägen Sie Gründe für diese Ergebnisse.
2. Arbeiten Sie aus dem Zeitungsartikel M 6 die Kritik an der Europäischen Außenpolitik heraus.
3. Ergänzen Sie die in der Aufgabe auf S. 41 begonnene Gegenüberstellung von Chancen und Grenzen durch die Ergebnisse aus M 5 und M 6.

„Quo vadis, EU?" – Europäische Perspektiven

5

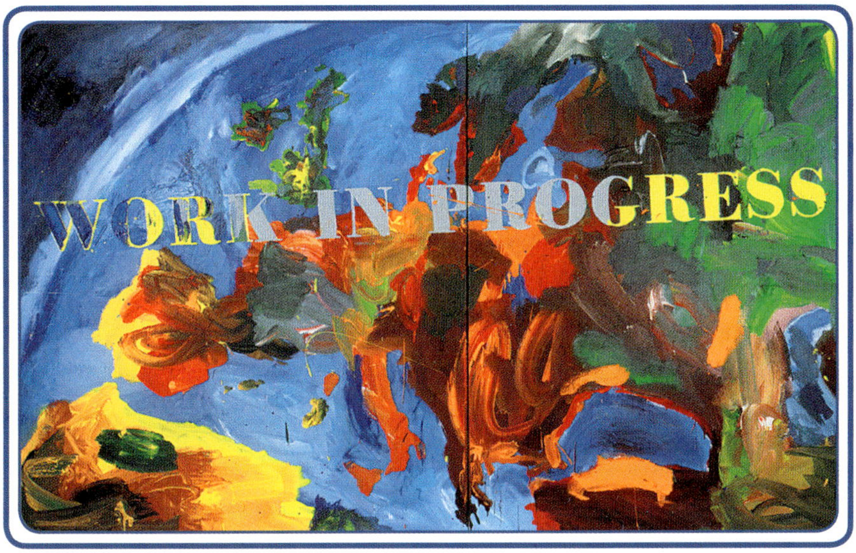
WORK IN PROGRESS

Jörg Frank, Europa, Diptychon, 1995

Vorstellungen zur Zukunft der EU
M 3

So wie die Perspektiven für die gemeinsame europäische Außenpolitik ist auch die Zukunft des europäischen Integrationsprozesses insgesamt offen. Die entworfenen Szenarien reichen von der tatsächlichen Verwirklichung einer **politischen Union** in Form eines europäischen Nationalstaates bis hin zur **Auflösung der Union** und einer eher unverbindlichen Zusammenarbeit der europäischen Einzelstaaten. Die tatsächliche Entwicklung wird wohl irgendwo in der Mitte liegen. Kaum umstritten ist sicher die These, dass der Prozess der Vertiefung mit einer gleichzeitigen Erweiterung um noch mehr Mitglieder nur schwer vereinbar sein wird.

„Europa der verschiedenen Geschwindigkeiten"

Die Lösung des Dilemmas scheint für manche ein **Europa der verschiedenen Geschwindigkeiten** zu sein, in dem einige Vorreiterstaaten in manchen Politikbereichen enger zusammenarbeiten und möglicherweise eine Sogwirkung auf die anderen ausüben. Ansätze zu diesem Modell gab es schon und gibt es aktuell, man denke nur an den **Schengenraum,** einen Zusammenschluss von Staaten der EU, die sich auf den Wegfall der Grenzkontrollen geeinigt haben. Oder die **Euro-Zone** der Staaten, die ihre nationalen Währungen durch eine gemeinsame Währung, den Euro, ersetzt haben. Im Vertrag von Lissabon werden solche Formen der verstärkten Zusammenarbeit explizit ermöglicht und verfahrensrechtlich geregelt.

Auf dem Weg zu einer politischen Union?

Seit dem Vertrag von Maastricht scheint die politische Union als Fernziel der EU festzustehen. Eine politische Union bedarf aber einer demokratischen Ausgestaltung, die sich auf den Bürger als Souverän berufen kann.

Während das „krateín", das *Herrschen* im Begriff Demokratie, institutionell bereits sehr weit entwickelt ist, wird allerdings von vielen derzeit noch in Frage gestellt, ob wirklich von einem europäischen „démos", also einem *Volk* mit gesamteuropäischem Bewusstsein und einer ebensolchen Identität gesprochen werden kann. Ob *das* europäische Volk einmal der Souverän *einer* europäischen Demokratie werden wird, steht wohl „in den Sternen".

Wohlgemerkt, derzeit ist die Europäische Union noch kein nationalstaatliches Gebilde, weshalb direkte Vergleiche zwischen ihr und „echten" Nationalstaaten stets problematisch sind. Dennoch ist das Nachdenken über die Frage, wie die EU noch demokratischer werden könnte, mehr als legitim.

Die Meinung der europäischen Bürger

M 1

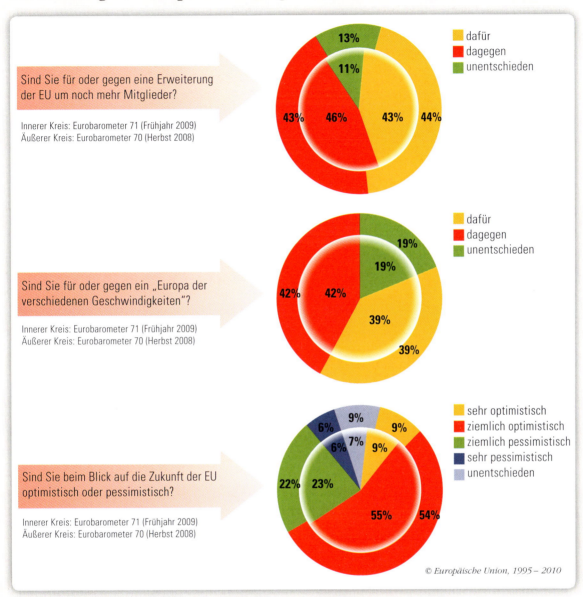

Sind Sie für oder gegen eine Erweiterung der EU um noch mehr Mitglieder?

Innerer Kreis: Eurobarometer 71 (Frühjahr 2009)
Äußerer Kreis: Eurobarometer 70 (Herbst 2008)

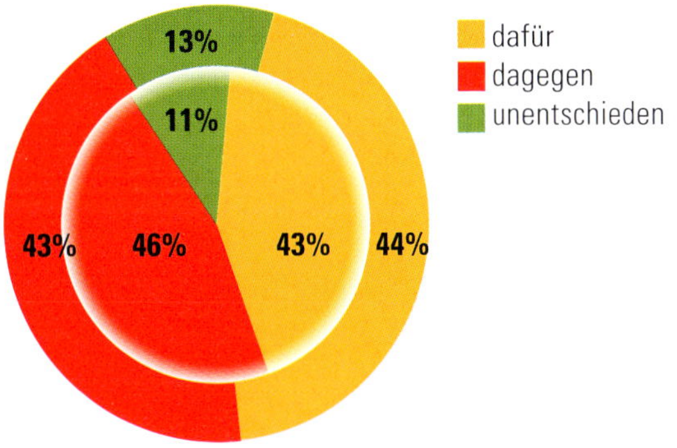
13%
11%
43%
46%
43%
44%
dafür
dagegen
unentschieden

Sind Sie für oder gegen ein „Europa der verschiedenen Geschwindigkeiten“?

Innerer Kreis: Eurobarometer 71 (Frühjahr 2009)
Äußerer Kreis: Eurobarometer 70 (Herbst 2008)

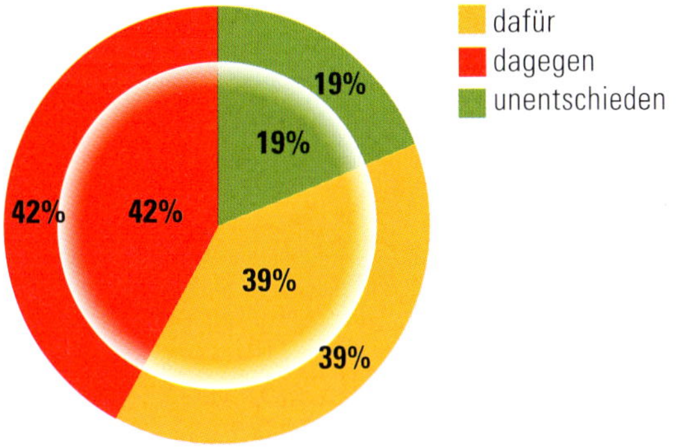
19%
19%
42%
42%
39%
39%
dafür
dagegen
unentschieden

Sind Sie beim Blick auf die Zukunft der EU optimistisch oder pessimistisch?

Innerer Kreis: Eurobarometer 71 (Frühjahr 2009)
Äußerer Kreis: Eurobarometer 70 (Herbst 2008)

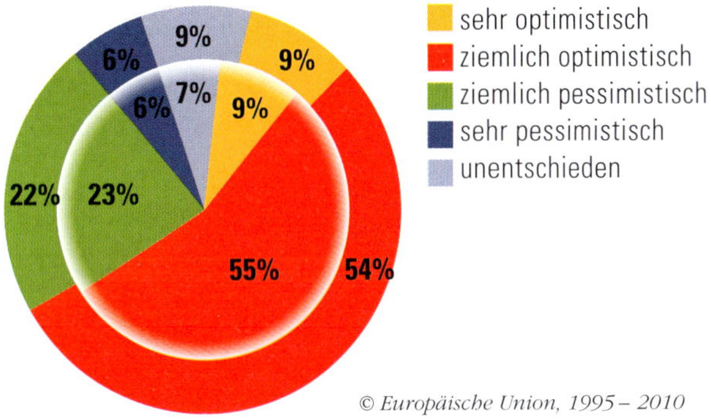
9%
6%
9%
6%
7%
9%
22%
23%
55%
54%
sehr optimistisch
ziemlich optimistisch
ziemlich pessimistisch
sehr pessimistisch
unentschieden

Quelle: Eurobarometer 71, Public opinion in the European Union, September 2009, S. 159, 162 und 211; ec.europa.eu/public_opinion/archives/eb/eb71/eb71_std_part1.pdf (abgerufen am 05.12.2009)

Aufgaben

1. Machen Sie in Ihrer Klasse/unter Ihren Bekannten eine ähnliche Umfrage und vergleichen Sie die Ergebnisse mit denen aus M 1.
2. Recherchieren Sie im Internet die Ergebnisse des aktuellen Eurobarometers zur Zukunft der EU. Lassen sich bestimmte Tendenzen – auch im Vergleich zwischen einzelnen Mitgliedstaaten – erkennen?

M 2 Neue Herausforderungen des 21. Jahrhundert

Die Europäische Union hat in den gut fünfeinhalb Jahrzehnten ihrer Existenz viel erreicht. Sie ist zweifellos die Erfolgsgeschichte des 20. Jahrhunderts. Im 21. Jahrhundert steht sie allerdings vor neuen Herausforderungen. Dabei handelt es sich um Aufgaben auf verschiedenen Feldern: Es muss der EU gelingen, neue institutionelle Strukturen zu etablieren und das Zusammenwirken der 27 oder mehr Mitgliedstaaten einzuüben.

- Die Distanz, die große Teile der Bevölkerung in den Mitgliedsländern zur Europäischen Union haben, könnte dazu führen, dass die EU die Akzeptanz ihrer eigenen Bevölkerung verliert.
- Die veränderte Situation der Weltwirtschaft stellt neue Anforderungen an die EU, deren wirtschaftliche Bedeutung sich insgesamt reduziert und deren Bevölkerung rasch altert. Es gibt zudem weltweit eine wesentlich stärkere Konkurrenz um die knapper werdenden Energieressourcen. Dennoch den Wohlstand und damit auch den sozialen Frieden zu erhalten, ist eine zentrale Aufgabe der EU.
- Umweltverschmutzung und -zerstörung sind keine lokal eingrenzbaren Phänomene mehr, sondern können nur in Kooperation der Weltgemeinschaft bekämpft werden, wie gerade beim Thema Klimawandel deutlich wird. Die EU muss hier eine Vorreiterrolle spielen, ohne ihre eigene Konkurrenzfähigkeit zu gefährden.
- Es gibt eine Reihe von Kandidaten und Interessenten für die Mitgliedschaft in der Europäischen Union, die die EU auch im eigenen Interesse nicht einfach zurückweisen kann.
- Terrorismus und Organisierte Kriminalität machen an Staatsgrenzen nicht halt und können nur gemeinsam bekämpft werden.
- Die EU muss, auch vor dem Hintergrund ihrer eigenen demografischen Entwicklung, einen Weg finden, legale Einwanderung zuzulassen und gleichzeitig illegale Immigration einzuschränken.
- Die EU ist als größte Handelsmacht der Welt gemeinsam mit den Mitgliedstaaten auch größter Geber von Entwicklungshilfe in der Welt und muss daher eine stärkere Rolle in der internationalen Politik spielen. Zu diesem Zweck muss sie ihre eigenen Instrumentarien effektiver gestalten.

Während sich die Themen hier einzeln auflisten und darstellen lassen, hängen sie in der tatsächlichen Politik eng miteinander zusammen. Scheitert die EU daran, Wohlstand und sozialen Schutz zu erhalten, wirkt sich das auf die Einstellung der Bevölkerung aus – genauso wie wenn die EU keine Ergebnisse vorlegen kann, weil das interne Zusammenspiel nicht funktioniert. Die Nachbarländer, um deren Annäherung an die EU gerungen und gestritten wird, sind gleichzeitig wichtige Energielieferanten oder zumindest Energietransitländer. Wenn es nicht gelingt, die sogenannten Westbalkan-Länder zu stabilisieren und zu integrieren, hat dies unmittelbare Auswirkungen auf die Kriminalitätslage in Deutschland und anderen EU-Staaten. Die Europäische Union kann also keinen der genannten Punkte aus dem Blick verlieren oder „nach hinten schieben", da damit das gesamte System in Mitleidenschaft gezogen würde.

aus dem Europa-Dossier der bpb: www.bpb.de/themen HIUXKZ,0,0,Wie_geht_es_weiter_mit_der_EU.html (abgerufen am 11.12.2009)

Aufgabe

Erstellen Sie eine Mindmap mit den aktuellen Herausforderungen für die EU und möglichen Kooperationspartnern bei der Lösung der Probleme.

M3

Zukunftsszenarien

Eine Forschungsgruppe am Centrum für angewandte Politikforschung (C.A.P) in München entwickelte vor einiger Zeit fünf Szenarien für die Zukunft Europas:
„Szenarien zu entwerfen bedeutet nicht, Vorhersagen für die Zukunft zu treffen. Die Methode dient vielmehr dazu, unterschiedliche Konzeptionen Europas und damit die Bandbreite möglicher Entwicklungspfade zu skizzieren. Die Erarbeitung von Szenarien nimmt dabei weder Rücksicht auf Kriterien der *political correctness* noch auf den Grad der Wahrscheinlichkeit der aufgezeigten Entwicklungsperspektiven. Die Szenarien sollen weder hierarchisch geordnet werden, noch soll hier eine normative Handlungsempfehlung darüber abgegeben werden, welche Entwicklungspfade die Europäische Union in der Zukunft verfolgen soll."

Szenarienübersicht

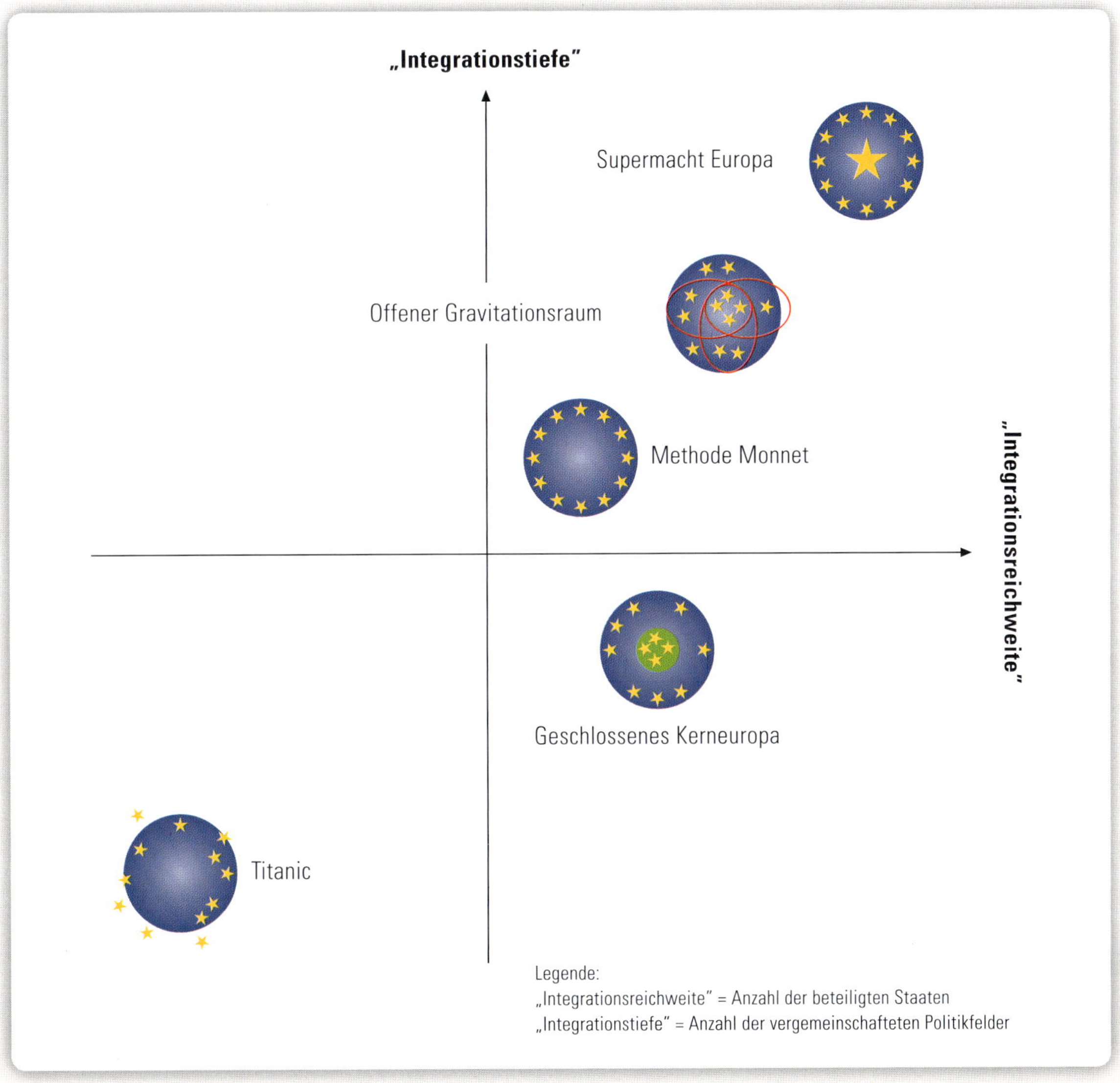
„Integrationstiefe"
Supermacht Europa
Offener Gravitationsraum
Methode Monnet
„Integrationsreichweite"
Geschlossenes Kerneuropa
Titanic
Legende:
„Integrationsreichweite" = Anzahl der beteiligten Staaten
„Integrationstiefe" = Anzahl der vergemeinschafteten Politikfelder

Franco Algieri u.a. (Centrum für angewandte Politikforschung, CAP), Europas Zukunft. 5 EU-Szenarien. S. 3
www.cap.uni-muenchen.de/download/2003/2003_cap_szenarien.pdf

Kurzbeschreibung der fünf Szenarien

Die Titanic hat bekanntlich kein gutes Ende gefunden. In Anlehnung daran beschreibt das **„Titanic"**-Szenario eine substanzielle Gefährdung der EU bis hin zur Auflösung der europäischen Integration. ... Innerhalb der EU nehmen die Interessensdivergenzen und die Leistungsunterschiede zwischen neuen und alten Mitgliedstaaten im Zuge der Erweiterung erheblich zu. Heterogenität und Verteilungskämpfe zwischen den Mitgliedstaaten erscheinen unüberbrückbar. Die überdimensionierte Erweiterung überfordert die EU-Strukturen und führt letztlich zur politischen Handlungsunfähigkeit.

Im Szenario eines **„Geschlossenen Kerneuropas"** ... entschließt sich .. eine Gruppe von Mitgliedstaaten zu einer vertieften Zusammenarbeit außerhalb des vertraglichen Rahmens. ... Angesichts widersprüchlicher Vorstellungen vom weiteren Prozess der Integrationsvertiefung reduziert sich die traditionelle EU, die weiterhin alle Mitgliedstaaten umfasst, zunehmend auf einige bewährte Politikfelder, etwa das Management des Binnenmarkts als Grundpfeiler europäischer Wettbewerbsfähigkeit im globalen Wirtschaftsumfeld. ... Die alte Union erweitert sich zwar stetig, gleicht aber eher einer Freihandelszone „de luxe", der die Fähigkeit zum politischen Handeln weitgehend genommen wurde.

Das Szenario **„Methode Monnet"** beschreibt die Fortsetzung der künftigen Entwicklung der Europäischen Union nach dem Muster der vergangenen Jahrzehnte: ... Nachdem der institutionelle Quantensprung durch eine europäische Verfassung ausgeblieben ist, richten sich entsprechend der „alten Logik" erneut alle Hoffnungen auf eine weitere Regierungskonferenz. Doch erneut erweist sich die Suche nach dem kleinsten gemeinsamen Nenner als das bestimmende Muster eines schleppenden Integrationsprozesses.

Im Szenario eines **„Offenen Gravitationsraums"** verfolgt eine der supranationalen Gemeinschaftsmethode verpflichtete Avantgarde das Ziel einer fortschreitenden Integrationsvertiefung. ... Die integrationswilligen Mitgliedstaaten vertiefen ihre Zusammenarbeit in einzelnen Politikfeldern innerhalb des Vertragsrahmens der EU. ... Der Erweiterungsprozess der EU geht in eine neue Runde. Darüber hinaus ermöglicht die anhaltende Integrationsdynamik in der Union die frühzeitige Anbindung von Nicht-EU-Staaten an einzelne Politikbereiche unterhalb der Schwelle einer EU-Vollmitgliedschaft.

Fast schon utopische Züge nimmt das Szenario **„Supermacht Europa"** an. Das große Europa wird darin dem ihm innewohnenden Weltmachtpotenzial gerecht. Die Europäische Union nutzt ihre materiellen und institutionellen Ressourcen in vollem Umfang. ... Auf der Basis eines wachsenden „Wir-Gefühls" im Kontext eines Europas der Bürger entwickelt sich die EU stetig in Richtung einer Politischen Union. Alle zentralen Politikbereiche der Innen-, Außen-, Verteidigungs-, Sozial- und Wirtschaftspolitik werden entsprechend eines in der Europäischen Verfassung klar definierten Kompetenzgefüges an die Union übertragen. Die sich stetig in Richtung einer Supermacht Europa entwickelnde Europäische Union erweist sich als ein offenes System, das auch im Prozess der Staatswerdung fähig ist, neue Mitglieder aufzunehmen. Parallel dazu führen die Errungenschaften der Europäischen Sicherheits- und Verteidigungsunion zu einer Ausbalancierung des internationalen Systems und zu einer de-facto-Machtparität mit den Vereinigten Staaten.

Inter/esse 5/2004, Europäische Union: Fünf Szenarien zur Zukunft Europas, S. 1-3
www.bankenverband.eu/index.asp?channel=133810&art=1130

Aufgaben

1. Konkretisieren Sie die einzelnen Szenarien (vgl. M 3) in arbeitsteiliger Gruppenarbeit in Form von Statements.
2. Entwickeln Sie auf dieser Grundlage eine Podiumsdiskussion zum Thema „Die Zukunft Europas".

„Bürger gesucht“ – ein Diskussionsbeitrag

M 4

Dass es der Europäischen Union selbst schwer fiele, die demokratischen Mindeststandards für eine Aufnahme zu erfüllen, ist inzwischen ein gern zitiertes Bonmot[1]. Vor allem verweist es auf ein Demokratiedefizit der EU, das sich bei näherem Hinsehen als ein europäisches Demokratiedilemma[2] entpuppt: ‘Demokratisches Regieren’ ist nämlich erst in einer Gemeinschaft möglich, die sich auch als solche versteht. Denn nur dann sehen sich Bürger überhaupt motiviert, jene ihnen offen stehenden demokratischen Partizipationskanäle auch tatsächlich auszufüllen, nur dann sind Minderheiten gewillt, Mehrheitsbeschlüsse als auch für sie bindend anzuerkennen, und nur dann können sozialpolitische (Um-)Verteilungsmaßnahmen allgemeingültige Akzeptanz finden.

Sprich: Abseits der institutionellen Ausgestaltung bedarf auch eine europäische Demokratie vorrangig eines europäischen Bürgers bzw. – als Gesamtheit gesehen – eines europäischen Demos. Dieser zeichnet sich im Idealfall dadurch aus, dass er neben seinen nationalen, regionalen wie lokalen Bindungen zunehmend auch eine europäische Identitätskomponente ausbildet und dabei immer stärker die grenzüberschreitende, europäische Öffentlichkeitssphäre als Bezugspunkt für seine politische Aufmerksamkeit wie auch sein gesellschaftspolitisches Engagement anerkennt.

Die Erfahrung, dass dem Ziel eines „europäischen Bürgers“ weder durch politische Bildungsarbeit, noch durch identitätspolitische Maßnahmen hinreichend beizukommen ist, gilt als Gemeinplatz. Insofern müssen Erwägungen in den Vordergrund rücken, ob und wie dieses Defizit durch pragmatische[3] institutionelle Reformen behoben werden kann. Eine entsprechende Strategie baut auf der These auf, dass sich die gewünschte Integration der Bürger effektiv durch die Steigerung des politischen Wettbewerbs forcieren ließe. Auf diese Weise intensivierte sich die mediale wie bürgerschaftliche Aufmerksamkeit für Europa, es würden rein europäische Bezugs- und Identifikationspunkte geschaffen und damit grenzüberschreitende gemeinschaftsbildende Prozesse aktiviert.
Würde hingegen europäische Politik nach wie vor vorrangig konsensuell – gleichsam am runden Tisch – betrieben, entfachte sie auch fortan kaum die notwendigen identitätsbildenden und öffentlichkeitsstiftenden Potenziale: Europa bliebe weiterhin ein Projekt der Eliten, das nachhaltig den Anschluss an seine Bürger verpasste.

Um angesichts der bestehenden Vielfältigkeit Europas den Zusammenhalt der Union nicht zu gefährden, ist allerdings der konsensorientierte Gesamtcharakter der europäischen Herrschaftsordnung zu wahren. Vor diesem Hintergrund bietet es sich geradezu an, die Europäische Kommission vom Europäischen Parlament als ‘Regierung auf Zeit’ wählen zu lassen. Dabei soll der Kommissionspräsident vom Parlament autonom per Mehrheitsbeschluss bestimmt werden, um das

Demokratie, Konkurrenz- und Konsensdemokratie

Info

Demokratie (von griech. démos = Volk + kratéin = herrschen): Eine moderne politische Ordnung, deren Kennzeichen (1) die Herrschaft des Volkes und (2) die Beschränkung politischer Herrschaft ist.
Das Volk übt die Herrschaft in der Regel nicht unmittelbar, sondern – mittelbar – durch die Wahl einer Volksvertretung aus. Die Ausübung politischer Herrschaft ist durch die Bindung an die Grund- und Menschenrechte und an eine Verfassung eingeschränkt.

In der modernen Demokratietheorie wird nach der Art wie politische Entscheidungen zustande kommen, unterschieden zwischen Konkurrenz- und Konsensdemokratie. **Konkurrenzdemokratie** beschreibt eine Ausprägung von Demokratie, bei der Entscheidungen aus dem Wettbewerb zwischen verschiedenen politischen Meinungen und Interessen hervorgehen und nach dem Mehrheitsprinzip entschieden werden.

Im Gegensatz dazu ist die **Konsensdemokratie** eine Form der Demokratie, in der auf der Basis von Dialog und Kompromiss, unter Einbeziehung der Minderheitenmeinungen, möglichst ein Konsens unter allen Beteiligten angestrebt wird.

konkurrenzdemokratische Element zu stärken. Die vom Präsidenten vorgeschlagene Kommission soll hingegen einer deutlich höheren Zustimmung bedürfen, um einen breiteren Konsens unter den Parlamentariern notwendig zu machen. Den gleichen Effekt entwickelte die weiterhin erforderliche Einbeziehung des intergouvernemental orientierten Rates, welcher zur Verteidigung nationaler Positionen auch an der europäischen Normsetzung zumindest als gleichberechtigte – d.h. mit Vetorecht ausgestattete – Zweite Kammer zu beteiligen wäre.

Unter dem Strich bewirkte der so forcierte Gegensatz von Mehrheits- und Konsensregierung sowohl die verstärkte Einbindung des Bürgers in europäische Zusammenhänge als auch die Steigerung der demokratischen Glaubwürdigkeit des Parlamentes wie auch der Kommission. Der verstärkte Wettbewerb zwischen den Fraktionen führte zu einer verbesserten Wahrnehmbarkeit der parlamentarischen Kompetenzen und Entscheide. Zudem verliehe er den Bürgern das Gefühl, Resultate mit ihrer Stimme mittelbar steuern zu können, was überdies tendenziell zu einer höheren Partizipationsbereitschaft führte. In Bezug auf die Kommission betonte die Reform ihre Rückbindung an das Parlament und damit mittelbar an das Votum der Unionsbürger: Und das Elitenprojekt Europa als solches hätte entschiedener denn je seinen – freilich noch weiten – Weg in Richtung seiner zunehmend europäisch ausgerichteten Bürger eingeschlagen.

Ondřej Kalina, Die EU und ihr langer Weg zum (europäischen) Souverän, Originalbeitrag (bearbeitet)

[1] *Bonmot: eine treffende, geistreiche Bemerkung*
[2] *Dilemma: eine Zwangslage, die unangenehme Lage, zwischen zwei Übeln wählen zu müssen*
[3] *pragmatisch: mit Sinn für das Nützliche, Sinnvolle oder Machbare*

Aufgabe

Erarbeiten Sie aus dem Aufsatz M 4 die Thesen Ondřej Kalinas bezüglich einer demokratischeren Zukunft eines vereinten Europa. Erklären Sie, warum bei der EU bisher eher von einer Konsensdemokratie als von einer Konkurrenzdemokratie gesprochen werden kann. (Lesen Sie dazu ggf. nochmals M 10 auf S. 32)
Diskutieren Sie, inwieweit Kalinas Vorschläge mittelfristig umsetzbar sind.

II

Frieden und Sicherheit als Aufgabe der internationalen Politik

1 Frieden und Friedensgefährdung im 21. Jahrhundert

Definition des Begriffs Frieden
M 2

Frieden muss mehr sein als nur die Abwesenheit von Gewalt, darüber besteht heute Einigkeit. In der Friedensforschung werden deshalb die Begriffe

- **negativer Friede**, d.h. die Abwesenheit von direkter, physischer Gewalt und Bedrohung, und
- **positiver Friede**, also ein Zustand der sozialen Gerechtigkeit, des relativen Wohlstands und ökologischen Gleichgewichts, unterschieden.

Die Entwicklung vom negativen zum positiven Frieden wird dabei als Prozess gesehen, bei dem sich abnehmende Gewalt und zunehmende Gerechtigkeit gegenüberstehen.

Bedrohungen des Friedens
M 3 !

Frieden und Sicherheit sind jedoch auch im 21. Jahrhundert vielfältigen Bedrohungen und Herausforderungen ausgesetzt:

- religiöse und ethnische Konflikte, die sich zu Bürgerkriegen ausweiten können
- politische inner- bzw. zwischenstaatliche Konflikte
- aggressive Ideologien
- Hunger, Armut, Arbeits- und Perspektivlosigkeit
- ökologische Risiken und Ressourcenverknappung
- Bevölkerungswachstum
- Migration
- Massenvernichtungswaffen
- internationaler Terrorismus
- Staatsversagen und -zerfall
- Wirtschafts- und Finanzkrisen

Asien? Nahost? Afrika? Amerika? - Europa?
Schwalme

Karikatur: Reiner Schwalme

Friedensnobelpreisträger – Einsatz für den Frieden

M 1

Der Friedensnobelpreis wird seit 1901 jährlich in Oslo an Personen und Organisationen verliehen, die sich in besonderem Maße für den Frieden verdient gemacht haben. Er geht auf den Stifter Alfred Nobel, einen schwedischen Wissenschaftler, zurück.

1905 Bertha von Suttner,
Österreich, Ehrenpräsidentin des Ständigen Internationalen Friedensbüros

1964 Martin Luther King,
USA, Führer der Bürgerrechtsbewegung in den USA

1971 Willy Brandt,
Deutschland, Bundeskanzler und Initiator einer neuen, auf Ausgleich zielenden Ostpolitik

1973 Henry A. Kissinger,
USA, Koautor des Vietnam-Friedensvertrags 1973

1979 Mutter Teresa,
Indien, Gründerin des Ordens „Missionare der Nächstenliebe"

2005 International Atomic Energy Agency und Mohammed El Baradei, „für ihren Einsatz gegen Missbrauch von Atomenergie"

2006 Mohammed Yunus,
Bangladesh, „für die Förderung wirtschaftlicher und sozialer Entwicklung von unten"

2007 Intergovernmental Panel on Climate Change (IPCC, Weltklimarat) und Al Gore,
„für ihre Bemühungen, ein besseres Verständnis für die von Menschen verursachten Klimaveränderungen zu entwickeln und zu verbreiten"

2009 Barack Obama,
USA, „für seine außergewöhnlichen Bemühungen, die internationale Diplomatie und die Zusammenarbeit zwischen den Völkern zu stärken"

Deutsches Historisches Museum>LeMO (Lebendiges virtuelles Museum online)
www.dhm.de/lemo/html/kaiserreich/wissenschaft/nobelpreis/frieden/index.html, ergänzt durch Autorentext

M 2 Frieden als Prozess

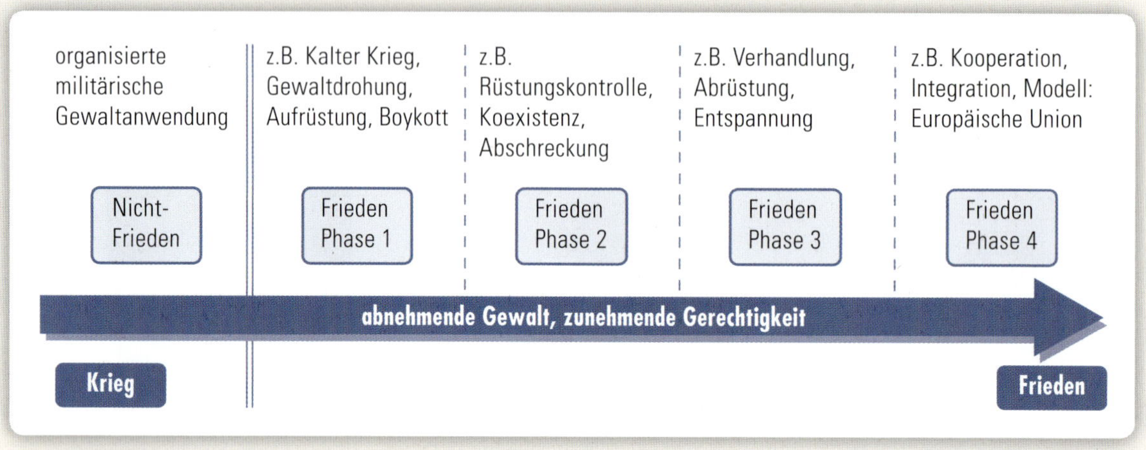

organisierte militärische Gewaltanwendung
z.B. Kalter Krieg, Gewaltdrohung, Aufrüstung, Boykott
z.B. Rüstungskontrolle, Koexistenz, Abschreckung
z.B. Verhandlung, Abrüstung, Entspannung
z.B. Kooperation, Integration, Modell: Europäische Union
Nicht-Frieden
Frieden Phase 1
Frieden Phase 2
Frieden Phase 3
Frieden Phase 4
abnehmende Gewalt, zunehmende Gerechtigkeit
Krieg
Frieden

Quelle: www.dadalos-d.org/frieden/grundkurs_2/frieden.htm

M 3 ! Herausforderungen und Gefahren für den Frieden – ein Überblick

A) In absehbarer Zukunft werden Kriege sehr häufig aus dem Streben ethnischer Gruppen nach mehr politischer Unabhängigkeit oder sogar Eigenstaatlichkeit und aus den Gegenbestrebungen der angegriffenen Staatsführungen entstehen. Schwache und instabile Staaten laden zu solchen Zersplitterungsprozessen geradezu ein.

B) Konflikte zwischen Gruppen mit unterschiedlichen kulturellen Werten und Religionen werden sich in bestimmten Teilen der Welt häufig zu Kriegen ausweiten. Politisch-religiöser Fundamentalismus kann solche Konflikte selbst in weitab gelegene Länder exportieren …

C) Bei konventionellen Waffen gibt es einen regen teils legalen, teils illegalen internationalen Handel. Er trägt dazu bei, dass überall dort, wo Konflikte gewaltsam ausgetragen zu werden drohen, die Mittel dafür rasch und relativ problemlos in Reichweite der Konfliktparteien gelangen.

D) Fortschreitende Verknappung lebenswichtiger Ressourcen wie Wasser oder Rohöl kann das scheinbar überholte Muster zwischenstaatlicher Kriege um bestimmten Grund und Boden neu beleben.

E) Das technische Wissen und die Bestandteile, die benötigt werden, um Massenvernichtungswaffen zu bauen, sind auf einem globalen schwarzen Markt ohne große Schwierigkeiten zu erwerben. Solche Waffen in der Verfügungsgewalt von verantwortungslosen Staatsführern, Terroristen oder Kriminellen stellen ein großes Bedrohungspotenzial dar …

F) Die globale Vernetzung des internationalen Finanzwesens und der Weltwirtschaft hat zur Folge, dass lokale Krisen, wie die US-Immobilienkrise, zur Destabilisierung aller Märkte führen. Die Finanzkrise schwächt nicht nur die amerikanische Wirtschaft, sondern betrifft die führenden Wirtschaftsunionen EU, Russland, China und Japan gleichermaßen.

G) Hunger und Elend ganzer Gesellschaften als Folge von Naturkatastrophen, beschleunigtem Bevölkerungswachstum oder der verantwortungslosen Politik von Staatsführungen können zu regionalen Unruhen führen, die sich rasch ausbreiten. Die dadurch ausgelösten Migrationswellen bringen auch die Nachbarstaaten in wirtschaftliche Schwierigkeiten …

H) Internationale Bandenkriminalität und politisch oder anderweitig motivierter internationaler Terrorismus können die innere Sicherheit von Staaten erheblich gefährden. Da die Drahtzieher außer Landes residieren und Staatsgrenzen ihre eigenen Aktivitäten kaum, wohl aber die der Regierungen beeinträchtigen, kann hier nicht mehr zwischen innerer und äußerer Sicherheit unterschieden werden.

nach: Informationen zur politischen Bildung Nr. 291, Sicherheitspolitik im 21. Jahrhundert, S. 7 f. (2. Quartal 2006); ergänzt durch Autorentext

Aufgaben

1. Entwickeln Sie in der Kleingruppe eine eigene Definition des Begriffs „Frieden".
2. Zeigen Sie mit Hilfe der Friedensnobelpreisträger aus M 1 einen Wandel im Friedensbegriff des Nobelkomitees auf.
3. **G** Referieren Sie über Geschichte, Themen und Symbole der Friedensbewegung in West- und Ostdeutschland.
4. Suchen Sie (z. B. aus Tageszeitungen) aktuelle Beispiele für die in M 3 genannten Herausforderungen und Gefahren für den Frieden.

Info: Krieg

Allgemein: Krieg bezeichnet einen organisierten, mit Waffen gewaltsam ausgetragenen Konflikt zwischen Staaten bzw. zwischen sozialen Gruppen der Bevölkerung eines Staates (Bürgerkrieg).

Speziell:

1) Nach den Ursachen werden religions- und ideologisch begründete Kriege, Kolonial-, Wirtschafts- und Unabhängigkeits-Kriege etc. unterschieden.
2) Nach den Zielen wird zwischen Angriffs-, Interventions-, Sanktions-, Verteidigungs- und Befreiungs-Krieg etc. unterschieden.
3) Nach den Formen werden z. B. regulärer, Partisanen-, Volks-, Miliz- und Guerilla-Krieg unterschieden.
4) Entsprechend den eingesetzten Waffen(-gattungen) wird z. B. zwischen konventionellem, Atom-, bakteriologischem, chemischem Krieg, ferner zwischen Land-, See- und Luft-Krieg unterschieden.
5) Räumlich wird z. B. zwischen lokal begrenztem, regionalem oder Welt-Krieg unterschieden.

Während früher der Krieg als Schicksal und als Bewährungsprobe angesehen, als „Fortsetzung der Politik mit anderen Mitteln" akzeptiert und zwischen gerechtem und ungerechtem Krieg. differenziert wurde, gilt heute aufgrund der Gefahr einer Selbstvernichtung der Menschheit (z. B. durch ABC-Waffen) der Kriegsursachenforschung, der Friedens- und Konfliktforschung, den Deeskalations- und Vermittlungsbemühungen in der Außenpolitik, der Kriegsvermeidung und den internationalen Abrüstungsverhandlungen oberste politische Priorität …

Klaus Schubert/Martina Klein, Das Politiklexikon, hrsg. von der Bundeszentrale für politische Bildung (Lizenzausgabe), Bonn 2006, S. 178 f.

M4 Kriege und Konflikte 2009

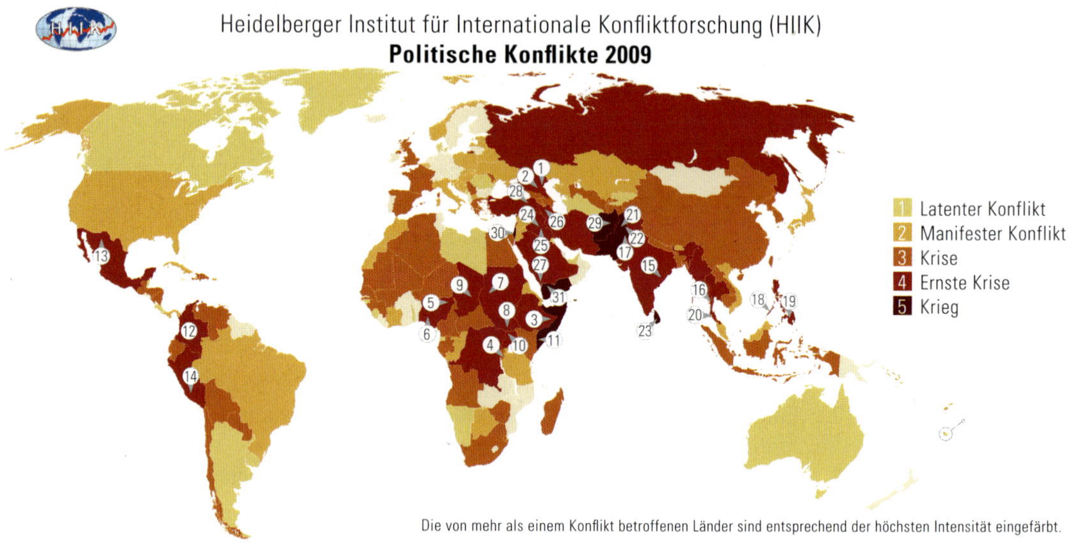
Heidelberger Institut für Internationale Konfliktforschung (HIIK)
Politische Konflikte 2009
1 Latenter Konflikt
2 Manifester Konflikt
3 Krise
4 Ernste Krise
5 Krieg
Die von mehr als einem Konflikt betroffenen Länder sind entsprechend der höchsten Intensität eingefärbt.

Ernste Krisen und Kriege (Name - Konfliktgegenstände)

Europa – ernste Krisen

1 Russland (islamistische Rebellen/Tschetschenien) - Sezession, System/Ideologie
2 Russland (islamistische Rebellen/Inguschetien) - Sezession, System/Ideologie

Afrika südlich der Sahara - ernste Krisen

3 Äthiopien (ONLF/Ogaden) - Sezession, Ressourcen
4 DR Kongo (FDLR) - regionale Vorherrschaft, Ressourcen
5 Nigeria (Boko Haram) - System/Ideologie
6 Nigeria (MEND, Ijaw/Niger Delta) - Autonomie, Ressourcen
7 Sudan (Darfur) - regionale Vorherrschaft, Ressourcen
8 Sudan (verschiedene ethnische Gruppen) - regionale Vorherrschaft
9 Tschad (verschiedene Rebellengruppen) - nationale Macht, Ressourcen
10 Uganda (LRA) - nationale Macht, Ressourcen

Afrika südlich der Sahara - Kriege

11 Somalia (islamistische Gruppen) - System/Ideologie, nationale Macht

Amerika - ernste Krisen

12 Kolumbien (FARC) - System/Ideologie, regionale Vorherrschaft, Ressourcen
13 Mexiko (Drogenkartelle) - regionale Vorherrschaft, Ressourcen
14 Peru (Leuchtender Pfad) - System/Ideologie, regionale Vorherrschaft, Ressourcen

Asien und Ozeanien - ernste Krisen

15 Indien (Naxaliten) - System/Ideologie
16 Myanmar (KNU, KNLA/Karen-Staat, Kayah-Staat) - Sezession
17 Pakistan (Sunniten - Schiiten) - System/Ideologie, regionale Vorherrschaft
18 Philippinen (Abu Sayyaf/Mindanao) - Sezession, System/Ideologie
19 Philippinen (MILF/Mindanao) - Autonomie, System/Ideologie, Ressourcen
20 Thailand (muslimische Separatisten/südliche Grenzprovinzen) - Sezession, System/Ideologie

Asien und Ozeanien - Kriege

21 Pakistan (Taliban - verschiedene Stämme) - System/Ideologie, regionale Vorherrschaft
22 Pakistan (verschiedene militante Islamisten) - System/Ideologie, nationale Macht
23 Sri Lanka (LTTE/Nord- und Ost-Sri Lanka) - Sezession

Vorderer und Mittlerer Orient - ernste Krisen

24 Irak (AQI) - System/Ideologie, nationale Macht
25 Irak (Aufständische) - System/Ideologie, nationale Macht
26 Iran (PJAK/Kurdengebiete) - Autonomie
27 Saudi Arabien (al-Houthi-Rebellen) - System/Ideologyie, regionale Vorherrschaft
28 Türkei (PKK/KONGRA-GEL/Kurdengebiete) - Autonomie

Vorderer und Mittlerer Orient - wars

29 Afghanistan (Taliban) - System/Ideologie, nationale Macht
30 Israel (Hamas/Palästina) - Sezession, System/Ideologie
31 Jemen (al-Houthi-Rebellen) - System/Ideologie, regionale Vorherrschaft

http://hiik.de/de/konfliktbarometer/pdf/ConflictBarometer_2009.pdf

Aufgaben

1. Tragen Sie in der Klasse Ihr Wissen zusammen: Welche Regionen der Welt sind derzeit von Kriegen und Konflikten betroffen (M4)? Um welche Arten von Konflikten handelt es sich? Mit welchen Mitteln werden diese Konflikte ausgetragen?
2. Vorschlag für ein Referat: Wählen Sie einen der in der Worldmap aufgezeigten Konflikte aus, recherchieren Sie weitere Informationen und analysieren Sie den Konflikt mit Hilfe des Fragenapparates, den Sie in der Einführung „Internationale Politik verstehen“ auf Seite 12 entwickelt haben. Die jeweils aktuelle Worldmap finden Sie unter: http://hiik.de/de/konfliktbarometer/

Methode

Analyse von Reden

Die Analyse von Reden, vor allem juristischer und politischer Art, ist eine Thematik, die bereits in der Antike von Bedeutung war. Jede Form öffentlicher Reden ist nicht nur ihrem Durchsetzungserfolg nach zu beurteilen, sondern auch unter den jeweiligen Bedingungen, dem Aufbau oder der Thematik nach zu erörtern.

Bei der Untersuchung von öffentlichen Reden sind folgende Aspekte zu beachten:
- Thematik des Textes (Sachverhalt, Problematik, Ereignis ...)
- Position des Redners (Geschlecht, Alter, Beruf, gesellschaftliche Stellung, politische Haltung, Interessen, Redeintention, Beziehung zum Publikum ...)
- Publikation (Art/ Ort der Präsentation, Anlass, Situation ...)
- Adressaten (Zielpublikum, Erwartungen, mögliche Reaktionen, erwartete Zustimmung oder Ablehnung ...)
- Kontext (historische Zusammenhänge, frühere oder spätere Anknüpfungen ...)

Weiterhin muss eine Rede über die Erfassung der Thematik und der Rahmenbedingungen hinaus auch noch auf ihren inhaltlichen Aufbau sowie sprachliche Besonderheiten hin analysiert werden. Folgende Schritte sind hier denkbar und sinnvoll:
- Zerlegung des Textes nach Sinnabschnitten, Beschreibung der Gedankenführung und Argumentationskette
- Erarbeitung von Schlüsselbegriffen
- Untersuchung sprachlich-stilistischer Mittel (rhetorische Stilfiguren, appellativer Charakter, sachlicher oder polemischer Ton ...)

Möglicherweise wird auch im Anschluss an die Analyse einer Rede eine eigene begründete Stellungnahme zur Thematik oder zur Wirkung der Rede gefordert.

Aufgaben

1. Analysieren Sie die nachfolgende Rede Barack Obamas nach dem vorgegebenen Muster.
2. Beurteilen Sie die Strategie des Redners und geben Sie einen Überblick über mögliche Reaktionen des Publikums.

Auszüge aus der Rede des US-amerikanischen Präsidenten Barack Obama an der Universität Kairo am 4.6.2009:

„... Wir kommen in einer Zeit großer Spannungen zwischen den Vereinigten Staaten und den Muslimen überall auf der Welt zusammen. Spannungen, die in historischen Kräften verwurzelt sind, die über jede gegenwärtige politische Debatte hinausgehen.
Die Beziehungen zwischen dem Islam und dem Westen umfassen Jahrhunderte der Koexistenz und Kooperation, aber auch Konflikte und religiöse Kriege. In der jüngsten Vergangenheit wurden die Spannungen durch Kolonialismus genährt, der vielen Muslimen Rechte und Chancen versagte, und einen Kalten Krieg, in dem mehrheitlich muslimische Länder zu oft als Stellvertreter benutzt wurden, ohne dass dabei Rücksicht auf ihre eigenen Bestrebungen genommen wurde.
Darüber hinaus hat der weitreichende Wandel, der von der Moderne und der Globalisierung herbeigeführt wurde, dazu geführt, dass viele Muslime den Westen als feindlich gegenüber den Traditionen des Islams erachteten.
Gewalttätige Extremisten haben diese Spannungen in einer kleinen, aber starken Minderheit der Muslime ausgenutzt. Die Anschläge vom 11. September 2001 und die fortgesetzten Bemühungen dieser Extremisten, Gewalt gegen Zivilisten zu verüben, hat einige in meinem Land dazu veranlasst, den Islam als zwangsläufig feindlich nicht nur gegenüber den Vereinigten Staaten und Ländern

des Westens zu betrachten, sondern auch gegenüber den Menschenrechten. All das hat zu weiteren Ängsten und mehr Misstrauen geführt … .

Natürlich ist die Anerkennung unserer gemeinsamen Menschlichkeit erst der Anfang unserer Aufgabe. Worte alleine können die Bedürfnisse der Menschen in unseren Ländern nicht befriedigen. Diese Bedürfnisse können nur befriedigt werden, wenn wir in den kommenden Jahren mutig handeln, und wenn wir verstehen, dass die Herausforderungen, vor denen wir stehen, gemeinsame Herausforderungen sind, und ein Versagen uns allen schaden wird.

Aus den jüngsten Erfahrungen haben wir gelernt, dass wenn ein Finanzsystem in einem Land geschwächt wird, der Wohlstand überall davon betroffen ist. Wenn ein neuartiges Grippevirus einen Menschen infiziert, wir alle gefährdet sind. Wenn eine Nation den Erwerb von Atomwaffen anstrebt, das Risiko eines Atomwaffenangriffs für alle Nationen steigt. Wenn gewalttätige Extremisten in einer Bergregion operieren, Menschen auf der anderen Seite des Ozeans gefährdet sind. Und wenn Unschuldige in Bosnien und Darfur abgeschlachtet werden, es ein Schandfleck auf unserem kollektiven Gewissen ist.

Das bedeutet es, im 21. Jahrhundert die Welt gemeinsam zu bewohnen. Das ist die Verantwortung, die wir vor einander als Menschen haben.

Das ist eine schwierige Verantwortung, die wir übernehmen müssen. Die menschliche Geschichte war oft geprägt von Nationen und Stämmen und auch Religionen – die einander aufgrund ihrer eigenen Interessen unterjochten.

In dieser neuen Ära ist dieses Verhalten aber völlig sinnlos. Angesichts unserer gegenseitigen Abhängigkeit wird jede Weltordnung, die eine Nation oder Gruppe über andere erhebt, unweigerlich scheitern. Ganz gleich, was wir also über die Vergangenheit denken, wir sollten nicht zu ihrer Gefangenen werden.

Unsere Probleme müssen durch Partnerschaft gelöst und Fortschritt muss geteilt werden.

Das heißt nicht, dass wir Ursachen für Spannungen ignorieren sollten. Das Gegenteil scheint mir vielmehr angebracht zu sein: Wir müssen uns diesen Spannungen direkt stellen. Lassen Sie mich in diesem Sinne so klar und so offen, wie mir das möglich ist, einigen speziellen Themen ansprechen, von denen ich glaube, dass wir uns ihnen endlich gemeinsam stellen müssen …

(Im Folgenden spricht Barack Obama über die Themenfelder „gewalttätiger Extremismus/al-Qaida , Afghanistan-Einsatz der US-Amerikaner und Abzug der USA aus dem Irak“, „Existenzrecht des Staates Israel, Leiden der Palästinenser, „Besitz von Atomwaffen und friedliche Nutzung der Kernenergie“, „Demokratie“ , „Religionsfreiheit“ , „Frauenrechte“ sowie „Wirtschaftliche Entwicklung und Bildungschancen“.)

Die von mir beschriebenen Themen werden nicht einfach anzusprechen sein. Aber wir haben die Verantwortung, uns gemeinsam für die Welt, die wir anstreben, einzusetzen – eine Welt, in der Extremisten nicht mehr unsere Bürger bedrohen und die amerikanischen Soldaten heimgekehrt sind, eine Welt, in der sowohl Israelis als auch Palästinenser ihr eigenes Land haben, in der Atomenergie für friedliche Zwecke genutzt wird, in der die Regierungen ihren Bürgern dienen und die Rechte aller Kinder Gottes geachtet werden. Das sind gemeinsame Interessen. Das ist die Welt, die wir anstreben. Aber wir können sie nur gemeinsam erreichen.

Wir alle teilen diese Welt nur für einen kurzen Augenblick. Die Frage ist, ob wir uns in dieser Zeit auf das konzentrieren, was uns auseinander treibt, oder ob wir uns einem Unterfangen verpflichten, einer andauernden Bestrebung, Gemeinsamkeiten zu finden, uns auf die Zukunft zu konzentrieren, die wir für unsere Kinder wollen, und die Würde aller Menschen zu achten.

Es ist einfacher, Kriege zu beginnen, als sie zu beenden. Es ist einfacher, die Schuld auf andere zu schieben, als sich selbst zu betrachten. Es ist einfacher zu sehen, was uns von jemand anderem unterscheidet, als die Dinge zu finden, die wir gemeinsam haben. Aber wir sollten uns für den richtigen Weg entscheiden, nicht nur für den einfachen. Es gibt auch eine Regel, die jeder Religion zugrunde liegt – dass man andere behandelt, wie man selbst behandelt werden möchte.

Diese Wahrheit überwindet Nationen und Völker – ein Glaube, der nicht neu ist, der nicht schwarz oder weiß oder braun ist, der nicht Christen, Muslimen oder Juden gehört. Es ist ein Glaube, der in der Wiege der Zivilisation pulsierte, und der noch immer in den Herzen von Milliarden Menschen auf der Welt schlägt. Es ist der Glaube an andere Menschen, und er hat mich heute hierher gebracht. ...“

http://www.sueddeutsche.de/politik/503/471047/text/ (abgerufen am 20.10.2009)

Die Vereinten Nationen – Wunderwaffe oder „zahnloser Tiger"?

2

Denkmal vor der Zentrale der Vereinten Nationen in New York

Die Vereinten Nationen als Friedensorganisation

Unter den verheerenden Eindrücken des Zweiten Weltkrieges wurden 1945 von 51 Staaten die Vereinten Nationen (VN; engl.: *United Nations, UN*; häufig auch *UNO* für *United Nations Organization*) gegründet. Ziel war es, durch eine globale Organisation einen stabilen Weltfrieden und internationale Sicherheit für die Zukunft zu erreichen. Neben dieses grundlegende Ziel sind heute u.a. die Entwicklung freundschaftlicher Beziehungen zwischen den Nationen, die Einhaltung der Menschenrechte, die Förderung des sozialen Fortschritts, ein besserer Lebensstandard weltweit sowie die Bekämpfung des Hungers und der Auswirkungen des Klimawandels getreten.

Die mittlerweile 192 (2010) Mitgliedstaaten sind zur Anerkennung folgender Grundsätze verpflichtet:

- souveräne Gleichheit der Mitglieder,
- friedliche Streitbeilegung,
- Verbot der Androhung oder Anwendung von Gewalt (außer zur individuellen oder kollektiven Selbstverteidigung),
- Unterstützung von Maßnahmen der UNO,
- keine Intervention bei inneren Angelegenheiten der Staaten.

Aufbau und Organe der UNO

Die Vereinten Nationen sind eine internationale Organisation, die auf der freiwilligen Zusammenarbeit der beteiligten Staaten beruht.

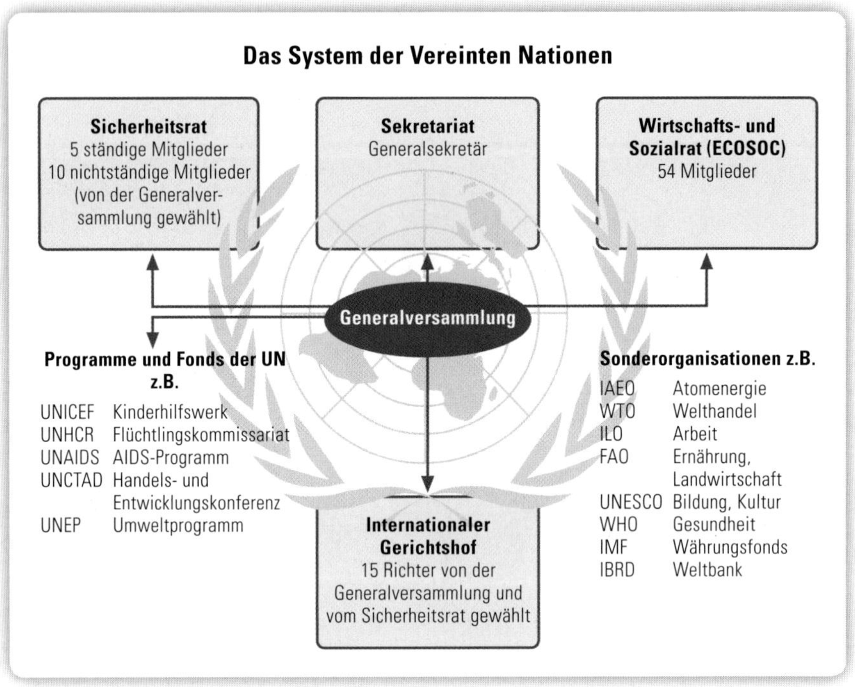
Das System der Vereinten Nationen
Sicherheitsrat
5 ständige Mitglieder
10 nichtständige Mitglieder (von der Generalversammlung gewählt)
Sekretariat
Generalsekretär
Wirtschafts- und Sozialrat (ECOSOC)
54 Mitglieder
Generalversammlung
Programme und Fonds der UN z.B.
UNICEF Kinderhilfswerk
UNHCR Flüchtlingskommissariat
UNAIDS AIDS-Programm
UNCTAD Handels- und Entwicklungskonferenz
UNEP Umweltprogramm
Internationaler Gerichtshof
15 Richter von der Generalversammlung und vom Sicherheitsrat gewählt
Sonderorganisationen z.B.
IAEO Atomenergie
WTO Welthandel
ILO Arbeit
FAO Ernährung, Landwirtschaft
UNESCO Bildung, Kultur
WHO Gesundheit
IMF Währungsfonds
IBRD Weltbank

- Die **Generalversammlung** ist das zentrale Beratungsorgan. So dient sie in erster Linie als Diskussionsforum für Weltprobleme. Abstimmungen über wichtige Fragen, wie zum Beispiel Empfehlungen für Frieden und Sicherheit und die Wahl der Mitglieder des Sicherheitsrats, erfordern eine Zwei-Drittel-Mehrheit der Mitgliedstaaten, andere Fragen werden mit einfacher Mehrheit entschieden. Während die Generalversammlung intern bindende Beschlüsse fassen kann (z.B. Wahl von nichtständigen Mitgliedern des Sicherheitsrats, Haushaltsfragen), kann sie in anderen politischen Fragen nur Empfehlungen abgeben (z.B. gegenüber dem Sicherheitsrat).
- Der **Sicherheitsrat** ist besonders im Hinblick auf die Friedenssicherung das eigentliche Entscheidungsorgan. Er besteht aus fünf ständigen Mitgliedern mit Vetorecht (USA, Russland, China, Großbritannien und Frankreich) und zehn nichtständigen, von der Generalversammlung für zwei Jahre gewählten Mitgliedern. Der Sicherheitsrat entscheidet darüber, ob eine Bedrohung des Friedens vorliegt und kann Maßnahmen zur Wahrung des Weltfriedens beschließen, die von Wirtschaftssanktionen bis zum Einsatz von Waffengewalt reichen. Die UNO-Mitglieder sind verpflichtet, die Resolutionen des Sicherheitsrates umzusetzen, allerdings sind die Vereinten Nationen bei militärischen Aktionen immer darauf angewiesen, dass die Mitgliedstaaten die entsprechenden Streitkräfte zur Verfügung stellen.

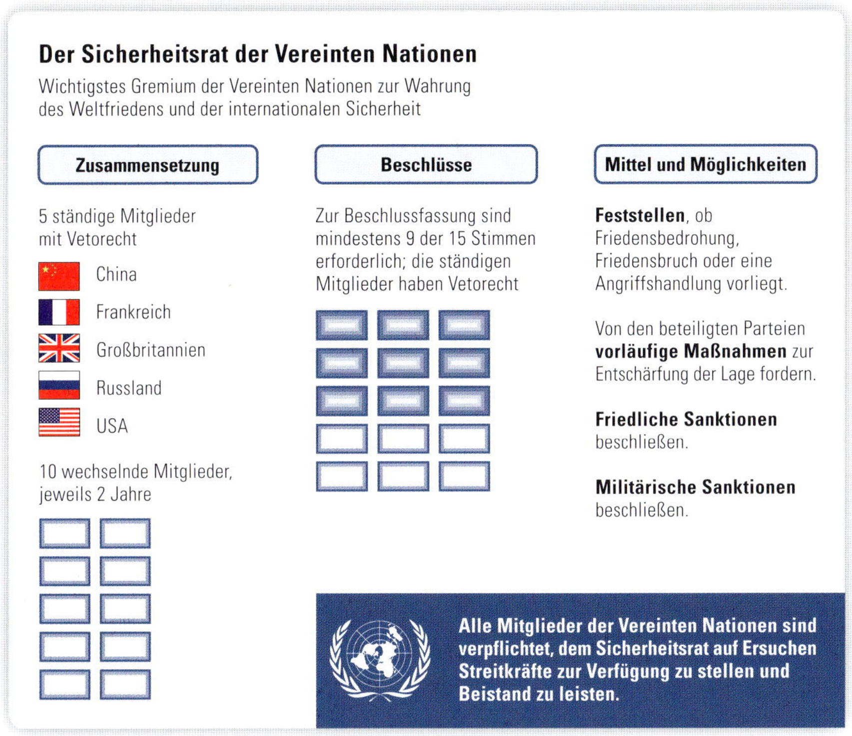
Der Sicherheitsrat der Vereinten Nationen
Wichtigstes Gremium der Vereinten Nationen zur Wahrung des Weltfriedens und der internationalen Sicherheit
Zusammensetzung
5 ständige Mitglieder mit Vetorecht
China
Frankreich
Großbritannien
Russland
USA
10 wechselnde Mitglieder, jeweils 2 Jahre
Beschlüsse
Zur Beschlussfassung sind mindestens 9 der 15 Stimmen erforderlich; die ständigen Mitglieder haben Vetorecht
Mittel und Möglichkeiten
Feststellen, ob Friedensbedrohung, Friedensbruch oder eine Angriffshandlung vorliegt.
Von den beteiligten Parteien vorläufige Maßnahmen zur Entschärfung der Lage fordern.
Friedliche Sanktionen beschließen.
Militärische Sanktionen beschließen.
Alle Mitglieder der Vereinten Nationen sind verpflichtet, dem Sicherheitsrat auf Ersuchen Streitkräfte zur Verfügung zu stellen und Beistand zu leisten.
Quelle: Globus 0551

- Der **UN-Generalsekretär** ist der Repräsentant der UNO und ihr höchster Verwaltungsbeamter. Er kann den Sicherheitsrat auf Probleme aufmerksam machen, die seiner Ansicht nach eine Gefahr für den Weltfrieden darstellen, und er erstattet der Generalversammlung einmal jährlich Bericht. Er wird auf Vorschlag des Sicherheitsrates von der Generalversammlung für fünf Jahre gewählt und darf einmal wieder gewählt werden. Seit 2007 ist der Südkoreaner *Ban Ki-Moon* Generalsekretär. Bedeutende Vorgänger waren 1997 bis 2006 *Kofi Annan* aus Ghana und der Ägypter *Boutros Boutros-Ghali*, 1992 bis 1996.
- Zur Verfolgung spezieller Aufgaben sind den Vereinten Nationen zahlreiche **Sonder- und Spezialorganisationen** angegliedert. Die Zusammenarbeit wird vorwiegend vom **Wirtschafts- und Sozialrat** koordiniert.

2.1 Die Vereinten Nationen als Friedensorganisation

M 1 Konfliktregelungen nach der UN-Charta

Kapitel VI
Die friedliche Beilegung von Streitigkeiten

Artikel 33: (1) Die Parteien einer Streitigkeit, deren Fortdauer geeignet ist, die Wahrung des Weltfriedens und der internationalen Sicherheit zu gefährden, bemühen sich zunächst um eine Beilegung durch Verhandlung, Untersuchung, Vermittlung, Vergleich, Schiedsspruch, gerichtliche Entscheidung, Inanspruchnahme regionaler Einrichtungen oder Abmachungen oder durch andere friedliche Mittel eigener Wahl.
(2) Der Sicherheitsrat fordert die Parteien auf, wenn er dies für notwendig hält, ihre Streitigkeit durch solche Mittel beizulegen.

Artikel 34: Der Sicherheitsrat kann jede Streitigkeit sowie jede Situation, die zu internationalen Reibungen führen oder eine Streitigkeit hervorrufen könnte, untersuchen, um festzustellen, ob die Fortdauer der Streitigkeit oder der Situation die Wahrung des Weltfriedens und der internationalen Sicherheit gefährden könnte. ...

Kapitel VII
Maßnahmen bei Bedrohung oder Bruch des Friedens und bei Angriffshandlungen

...

Artikel 41: Der Sicherheitsrat kann beschließen, welche Maßnahmen – unter Ausschluss von Waffengewalt – zu ergreifen sind, um seinen Beschlüssen Wirksamkeit zu verleihen ... Sie können die vollständige oder teilweise Unterbrechung der Wirtschaftsbeziehungen, des Eisenbahn-, See- und Luftverkehrs, der Post-, Telegraphen- und Funkverbindungen sowie sonstiger Verkehrsmöglichkeiten und den Abbruch der diplomatischen Beziehungen einschließen.

Artikel 42: Ist der Sicherheitsrat der Auffassung, dass die in Artikel 41 vorgesehenen Maßnahmen unzulänglich sein würden oder sich als unzulänglich erwiesen haben, so kann er mit Luft-, See- oder Landstreitkräften die zur Wahrung oder Wiederherstellung des Weltfriedens und der internationalen Sicherheit erforderlichen Maßnahmen durchführen. Sie können Demonstrationen, Blockaden und sonstige Einsätze der Luft-, See- oder Landstreitkräfte von Mitgliedern der Vereinten Nationen einschließen. ...

Artikel 43: (1) Alle Mitglieder der Vereinten Nationen verpflichten sich, ... dem Sicherheitsrat auf sein Ersuchen Streitkräfte zur Verfügung stellen, Beistand leisten und Erleichterungen einschließlich des Durchmarschrechts gewähren, soweit dies zur Wahrung des Weltfriedens und der internationalen Sicherheit erforderlich ist. ...

Artikel 48: (1) Die Maßnahmen, die für die Durchführung der Beschlüsse des Sicherheitsrats zur Wahrung des Weltfriedens und der internationalen Sicherheit erforderlich sind, werden je nach dem Ermessen des Sicherheitsrats von allen oder von einigen Mitgliedern der Vereinten Nationen getroffen. ...

Artikel 51: Diese Charta beeinträchtigt im Falle eines bewaffneten Angriffs gegen ein Mitglied der Vereinten Nationen keineswegs das naturgegebene Recht zur individuellen oder kollektiven Selbstverteidigung, bis der Sicherheitsrat die zur Wahrung des Weltfriedens und der internationalen Sicherheit erforderlichen Maßnahmen getroffen hat. ...

Amtliche Fassung der Bundesrepublik Deutschland, BGBl. 1973 II S. 431

Aufgaben

1. Stellen Sie die wesentlichen Aufgaben und Befugnisse des Sicherheitsrates zusammen. (Einführung S. 64 und M 1)
2. Überlegen Sie, welche Probleme durch die Zusammensetzung des Sicherheitsrates auftreten können.
3. Legen Sie dar, wie die Vereinten Nationen im Konfliktfall vorgehen. Entwickeln Sie ein Szenario anhand eines aktuellen Beispiels. (M 1)

Die Rolle der UN – Urteile von Karikaturisten

M 2

1

AUFLÖSEN
300
100
NOCH MAL
NIX
S NKTI NEN
GEGEN IR N
Haben Sie eine Idee?
Keinen Schimmer!
F
USA
GB
RUS
China

2

Rolle der UN?

3

UN
MANDATE
KOSTEN

4

UN
USA

Personen:
mit UN-Flagge:
Kofi Annan
mit Barett:
Saddam Hussein

5

STOP!
UN
NAHOST-KRIEG

6

Spät kommt ihr – doch ihr kommt...
UN

Karikaturen: (1) Heiko Sakurai, 2007; (2) Brigitte Schneider, o.J.; (3) Burkhard Mohr, 2006; (4) Gerhard Mester, o.J.; (5) Klaus Expermüller, 2006; (6) Heiko Sakurai, 2007

Aufgabe

Beschreiben, interpretieren und diskutieren Sie die vorliegenden Karikaturen mit Hilfe der Hinweise zur Interpretation politischer Karikaturen auf Seite 42.

2.2 Probleme und Reformansätze der UN

M 3 Neue Ziele für das 21. Jahrhundert

Im September 2000 haben sich alle Mitgliedsstaaten der UNO auf acht Entwicklungsziele – die Millenniumsziele (Millennium Development Goals, MDGs) – geeinigt, um eine zukunftsfähige und nachhaltige Weltentwicklung zu gewährleisten. Reiche und arme Länder verpflichteten sich darin, alles daran zu setzen, die Armut radikal zu reduzieren, die menschliche Würde und Gleichberechtigung zu fördern und Frieden, Demokratie und ökologische Zusammenarbeit zu verwirklichen. Die Staats- und Regierungschefs haben sich erstmals auf genau definierte Ziele und einen Zeitplan bis 2015 festgelegt.

MDG 1:
Beseitigung der extremen Armut und des Hungers:
Die Zahl der Menschen, die von weniger als einem US-Dollar pro Tag leben, soll um die Hälfte gesenkt werden. Der Anteil der Menschen, die unter Hunger leiden, soll um die Hälfte gesenkt werden.

MDG 2:
Verwirklichung der allgemeinen Primärschulbildung:
Alle Jungen und Mädchen sollen eine vollständige Grundschulausbildung erhalten.

MDG 3:
Förderung der Gleichheit der Geschlechter und Ermächtigung der Frauen:
In der Grund- und Mittelschulausbildung soll bis zum Jahr 2005 und auf allen Ausbildungsstufen bis zum Jahr 2015 jede unterschiedliche Behandlung der Geschlechter beseitigt werden.

MDG 4:
Senkung der Kindersterblichkeit:
Die Sterblichkeit von Kindern unter fünf Jahren soll um zwei Drittel gesenkt werden.

MDG 5:
Verbesserung der Gesundheit von Müttern:
Die Müttersterblichkeit soll um drei Viertel gesenkt werden.

MDG 6:
Bekämpfung von HIV/AIDS, Malaria und anderen Krankheiten:
Die Ausbreitung von HIV/Aids soll zum Stillstand gebracht und zum Rückzug gezwungen werden. Der Ausbruch von Malaria und anderer schwerer Krankheiten soll unterbunden und ihr Auftreten zum Rückzug gezwungen werden.

MDG 7:
Sicherung der ökologischen Nachhaltigkeit:
Die Grundsätze der nachhaltigen Entwicklung sollen in der nationalen Politik übernommen werden; dem Verlust von Umweltressourcen soll Einhalt geboten werden. Die Zahl der Menschen, die über keinen nachhaltigen Zugang zu gesundem Trinkwasser verfügen, soll um die Hälfte gesenkt werden. Bis zum Jahr 2020 sollen wesentliche Verbesserungen in den Lebensbedingungen von zumindest 100 Millionen Slumbewohnern erzielt werden.

MDG 8:
Sicherung der ökonomischen Nachhaltigkeit:
Ein offenes Handels- und Finanzsystem, das auf festen Regeln beruht, vorhersehbar ist und nicht diskriminierend wirkt, soll weiter ausgebaut werden. Auf die besonderen Bedürfnisse der am wenigsten entwickelten Länder muss entsprechend eingegangen werden. Die Schuldenprobleme der Entwicklungsländer mit niedrigen und mittleren Einkommen müssen durch Maßnahmen auf nationaler und internationaler Ebene umfassend und wirksam angegangen werden, damit ihre Schulden auf lange Sicht tragbar werden.

www.ecohimal.org/UNO.htm

UN-Millenniumsziele: Schwache 1. Halbzeit

M4

Die UN-Millenniumsziele sollen bis 2015 erreicht werden. Mit dem „Millennium Development Goals 2008 Report" legten die Vereinten Nationen am 11. September eine Halbzeit-Bilanz vor, die in vielen Bereichen erschreckend ausfällt. Doch es gibt auch Hoffnungsschimmer.

„Dieser Report zeigt, dass die Fortschritte bei der Reduzierung von Armut und Hunger und bei der Verbesserung der Gesundheitsversorgung und Bildung in der Welt nicht ausreichen“, sagte Salil Shetty, der Direktor der UN-Millenniumskampagne. „Die weltweite Lebensmittel-, Finanz- und Klimakrise haben die Situation verschlimmert – und die Hauptschuldigen sind Luftverschmutzer, Öl-Verbraucher und einige wenige Finanzspekulanten“, erklärte Shetty.

Weil weltweit Nahrungsmittel teurer geworden sind, drohen 100 Millionen Menschen zusätzlich in Armut zu geraten. Immer noch sterben jedes Jahr 500.000 werdende Mütter in armen Ländern bei Schwangerschaft oder Geburt. Und wenn es so langsam weitergeht wie bisher, werden Mädchen auch 2015 noch in 98 Ländern der Welt eine schlechtere Schulbildung bekommen als Jungen.

Immerhin können die Vereinten Nationen auch Fortschritte vermelden. Endlich geht die Zahl der AIDS-Toten zurück, allerdings fordert die behandelbare Krankheit immer noch zwei Millionen Opfer pro Jahr. Die Zahl der Menschen – überwiegend Kinder – die jedes Jahr an Masern sterben, konnte seit dem Jahr 2000 sogar um zwei Drittel gesenkt werden, weil groß angelegte Impfkampagnen nun 80 Prozent der Kinder in Entwicklungsländern erreichen.

Der jetzt veröffentlichte Bericht hat eine klare Botschaft: Wenn es weitere Fortschritte geben soll, dann dürfe die „globale Entwicklungspartnerschaft“, wie sie in den Millennium Development Goals formuliert ist, nicht nur ein Lippenbekenntnis bleiben. Hier seien die Industrieländer besonders gefragt. Die Entwicklungshilfe müsste deutlich erhöht werden – doch stattdessen seien die Leistungen der reichen Länder in den letzten zwei Jahren sogar gesunken.

Zudem müssten die Welthandelsregeln endlich gerecht gestaltet werden, denn zwei Drittel der armen Menschen weltweit leben in ländlichen Regionen. Und die Kleinbauern in den Entwicklungsländern können nicht mit den subventionierten Importen aus reichen Ländern konkurrieren.

www.glocalist

Aufgaben

1. Erläutern Sie, inwiefern sich in den Millenniumszielen der Begriff des positiven Friedens wieder findet. (M 3, Einführung zu II.1, S. 56)
2. Recherchieren Sie, wie weit die Staaten die Umsetzung der Ziele bisher verfolgt haben. Diskutieren Sie, ob sich die Ziele auch auf die Politik der Bundesrepublik ausgewirkt haben. (M 3, M 4)
3. Erklären Sie die Idee der „globalen Entwicklungspartnerschaft“ (M 4, Z. 37) und nehmen Sie dazu Stellung. Berücksichtigen Sie dabei die Verwirklichung der Ziele in der Halbzeitbilanz und den aktuellen Stand der Entwicklungen.

Eine Reform des Sicherheitsrats?

M5

Er ist das Stiefkind des Staatenbunds. Kaum ein Laie weiß, was der Wirtschafts- und Sozialrat der UNO tut (nämlich diverse UNO-Organisationen koordinieren), wer ihm angehört (54 Staaten), wer ihm derzeit vorsitzt (Luxemburg), wann er tagt (im Juli) und wo (in New York oder Genf). Entsprechend versteckt ist sein Sitzungssaal in der UNO-Zentrale am East River. Die Kammer findet sich im dritten Stock, gleich hinter dem Treuhandrat für Kolonialbesitzungen des Japanischen und Deutschen Reichs, der seit 1994 nicht mehr tagt. … Trotzdem tat sich in der vergangenen Woche etwas in dieser angestaubten Kulisse. Es fand eine Zusammenkunft statt, mit einem ebenso mysteriösen wie lachhaften Bandwurmtitel, wie er für die UNO-Bürokratie typisch ist: „*Informal meeting (closed) of the plenary on the intergovernmental negotiations on the question of equitable representation on and increase in the membership of the Security Council and other matters related to the Council*". In gestrafftem Beamtendeutsch heißt das so viel wie: „Zwischenstaatliche Verhandlungen zur Sicherheitsratsreform". Hinter dem Wortwust verbirgt sich eine Tagung von historischer Dimension – und der Beginn der dramatischsten Umwälzungen, die die UNO in vier Jahrzehnten erlebt hat. Es geht um nichts weniger als den kompletten Umbau des Sicherheitsrats, des wichtigsten Organs der Vereinten Nationen.

Eine Reform der UNO-Machtzentrale ist schon oft versucht worden – und genauso oft gescheitert. Diesmal jedoch gibt es erstmals gute Aussichten, dass es endlich klappt. „Ich will nicht in überschönen Optimismus verfallen", sagt ein Diplomat *Spiegel online*. „Aber ich glaube, dass wir eine reelle Chance haben." Es ist auch Zeit. Denn das höchste globale Entscheidungsgremium in Fragen von Krieg und Frieden verliert rasant an Glaubwürdigkeit. Nicht zuletzt das Irak-Debakel und das Gezerre um Iran haben gezeigt, wie leicht sich der Rat selbst blockieren kann – und wie zweifelhaft seine Legitimität ist. Japans UNO-Botschafter Yukio Takasu verspürt „neuen Elan", und er ist nicht der einzige. Ähnlich sieht es sein deutscher Kollege Thomas Matussek: „Die ersten Runden haben mich eigentlich ganz positiv gestimmt"...

Eine Reform wird nicht zuletzt von Deutschland aktiv vorangetrieben. Denn in einem neuen Rat könnte sich die Bundesrepublik erstmals realistische Hoffnungen auf einen festen Platz am runden Tisch der Weltmächte machen. Den, findet Matussek, habe Deutschland langsam verdient – nicht nur als drittgrößter UNO-Beitragszahler, sondern auch durch seine Mittlerrolle in vielen Konflikten: „Wir waren stets der klassische Brückenbauer." Kanzlerin Angela Merkel hat von höchster Stelle klargemacht, was die Bundesregierung erwartet: „Deutschland ist bereit, auch mit der Übernahme eines ständigen Sicherheitsratssitzes mehr Verantwortung zu übernehmen", sagte sie 2007 in ihrer ersten Rede vor der UNO. Diesen Wunsch blockierte die US-Regierung von George W. Bush. Doch allein an ihr lag es kaum, dass ein Umbau des Rats bisher missglückt ist. Nicht umsonst heißt die Reform hier auch gerne „die unendliche Geschichte". Sie ist so alt wie der Sicherheitsrat selbst. ... Die Ratsstruktur reflektiert ... sowohl Nachkriegspolitik wie auch den Kalten Krieg, ignoriert aber die heutigen Macht-, Politik- und Bevölkerungsverhältnisse völlig. Vor allem die Entwicklungsländer Afrikas fühlen sich schlecht vertreten. Aber auch andere einflussreiche Staaten wie Japan, Brasilien, Indien oder eben Deutschland beanspruchen eine Mitgliedschaft.

„Der Sicherheitsrat entspricht nicht mehr den Herausforderungen des 21. Jahrhunderts", klagt Matussek und kleidet sein Argument geschickt in altruistische Motive: „Es ist ein Skandal, dass drei Fünftel der Menschheit nicht mit permanenten Sitzen vertreten sind."

Marc Pitzke, UNO-Reform, Deutschland schöpft neue Hoffnung auf Sitz im Sicherheitsrat, in: Spiegel online, 24.3.2009

Das ist jetzt hoffentlich deutlich genug!
GEGEN GEWALT
GEGEN DEUTSCHLANDS ZUGANG ZUM UN-SICHERHEITS-RAT

UN-Maximen; Karikatur: Heiko Sakurai, 2008

Aufgabe

Der britische Historiker und Politikwissenschaftler, Paul Kennedy, vertritt in seinem Buch *Parlament der Menschheit, München 2007* die Position, neue ständige Mitglieder im Sicherheitsrat wie Japan oder Deutschland würden möglicherweise von den Entwicklungsländern als Demütigung empfunden, da doch die Entscheidungen über Interventionen vor allem diese Länder beträfen. Beziehen Sie kritisch Stellung zu dieser These.

Die NATO – vom Verteidigungsbündnis zur „Weltpolizei“?

3

Streitkräfte der NATO werden sowohl für Kampfeinsätze als auch für Stabilisierungs- und Wiederaufbauaufgaben eingesetzt.

Gründung und Aufgaben der NATO

Angesichts der Expansion des sowjetischen Machtbereichs in Mittel- und Osteuropa gründeten 1949 zehn europäische Staaten gemeinsam mit den USA und Kanada ein **Bündnis zur gemeinsamen Verteidigung**, die NATO (*North Atlantic Treaty Organization*). Die Bundesrepublik Deutschland trat dem Nordatlantikpakt 1955 bei. Inzwischen gehören ihm 28 Staaten (2010) an – darunter auch viele ehemalige Mitglieder des früheren östlichen Militärbündnisses, des 1991 aufgelösten Warschauer Paktes.

Die Mitgliedstaaten haben sich verpflichtet, bei einem bewaffneten Angriff dem jeweiligen betroffenen NATO-Partner Beistand zu leisten. Dabei kann es sich sowohl um militärische als auch um zivile Unterstützung handeln. Außerdem kann die NATO auch im Auftrag der Vereinten Nationen tätig werden.

Die NATO versteht sich über das Militärbündnis hinaus auch als **Wertegemeinschaft**: Alle Mitglieder verpflichteten sich auch zur Bewahrung einer freiheitlich-demokratischen Ordnung.

Mitglieder der NATO

NATO
OTAN
North Atlantic Treaty Organization
Gründungs-mitglieder 1949
Beitritt nach 1949 bis 1989
Beitritt 1999
Beitritt 2004
Beitritt 2009
Kanada
USA
Island
BR Deutsch-land (1955)
Ex-DDR (1990)
Norwegen
Großbrit.
Dänemark
Estland
Lettland
Litauen
Niederl.
Belgien
Luxemb.
Polen
Tschechien
Slowakei
Ungarn
Frankreich
Rumänien
Kroatien
Bulgarien
Portugal
Türkei (1952)
Slowenien
Spanien (1982)
Italien
Albanien
Griechen-land (1952)

dpa-Grafik 10631, Quelle: APA

Aufbau der NATO

Dem doppelten Charakter des Bündnisses entspricht die Zweiteilung der Organisationsstruktur in einen zivilen und einen militärischen Bereich. Das Entscheidungsorgan ist der (zivile) **NATO-Rat**, in dem die Staats- und Regierungschefs oder die Außen- bzw. Verteidigungsminister zweimal jährlich zusammentreten. Alle Entscheidungen im NATO-Rat müssen einstimmig nach dem Konsensprinzip getroffen werden, sodass kein Mitglied gegen seinen Willen zu verteidigungspolitischen Maßnahmen gezwungen werden kann. Die Sicherheit der Mitgliedstaaten soll in erster Linie durch politische und diplomatische Mittel gewährleistet werden. Sind jedoch militärische Schritte notwendig, steht ein **Militärausschuss** beratend zur Seite.

Der vom NATO-Rat gewählte **Generalsekretär** vertritt das Bündnis bei Verhandlungen mit anderen internationalen Akteuren und versucht, bei Meinungsverschiedenheiten zwischen einzelnen Mitgliedern zu vermitteln.

Neue Wege unter veränderten Vorzeichen
M 2

Nach der Auflösung des Warschauer Paktes, fehlte der NATO der unmittelbare Gegner und das ursprüngliche Ziel der Verteidigung verlor an Bedeutung. Allerdings entstanden andere Gefahren für den Frieden und die Sicherheit, wie z. B. der internationale Terrorismus oder die Bedrohung durch menschenverachtende, diktatorische Regime.

Diese neuen Herausforderungen führten zu einer Neuorientierung und einer veränderten strategischen Ausrichtung des Bündnisses.

- Die NATO kann heute im Falle von Bürgerkriegen oder im Falle schwerwiegender Menschenrechtsverletzungen eingreifen, auch wenn dabei kein Mitgliedstaat unmittelbar bedroht ist (**out of defense**).
- Darüber hinaus ist ihr Einsatz nicht mehr nur auf das NATO-Gebiet beschränkt ist, sondern sie kann im Auftrag der Vereinten Nationen weltweit agieren (**out of area**).

Die NATO nach dem Ende des Kalten Krieges

M 1

1
Ich fühl mich immer noch fit wie ein Turnschuh!!
NATO
60 Jahre Natosaurus ...

Karikatur: Klaus Stuttmann, 2009

2
22. XI.
NATO
UM SIEBEN MITGLIEDER STÄRKER!

Karikatur: Horst Haitzinger, 2002

3
HIER RUHT IN FRIEDEN DER WARSCHAUER PAKT
† 1991
DU FEHLST MIR!
NATO
WITWE AN IHREM 60. GEBURTSTAG

Karikatur: Horst Haitzinger, 2002

4
Pfui!! Aus!! Platz! Sitz!! Fuß!!
Ich werd ihm schon noch Manieren beibringen!!

Karikatur: Klaus Stuttmann, 2008

M 2 Die NATO bereit für die Aufgaben des 21. Jahrhunderts? Zwei Stellungnahmen

1 Die gegenwärtige Allianz … dient den derzeit 26 und bald 29 Mitgliedstaaten nicht mehr nur als Verteidigungsbündnis, sondern versteht sich in zunehmendem Maße als militärisch-politische Organisation, welche die Sicherheit ihrer Mitgliedstaaten wahren und zugleich weltweit Stabilität produzieren soll. Doch trotz der neuen Aufgaben und der ungebrochenen Attraktivität für alte wie neue Mitglieder befindet sich die NATO in einem vielschichtigen Dilemma: Die neuen militärischen Aufgaben im Bereich der Friedenssicherung könnten schnell zu einer Überforderung führen; die neuen politischen Aufgaben werden die innere Kohärenz[1] nicht in dem Maße gewährleisten, wie es die über vier Jahrzehnte wahrgenommene gemeinsame Bedrohung getan hat. Ad-hoc-Koalitionen[2] (coalitions of the willing bzw. coalitions of the able) könnten an Attraktivität gewinnen und den Zusammenhalt im Bündnis untergraben. Schließlich wird die Erweiterung der NATO die Binnenstruktur verändern und Entscheidungsprozesse erschweren. Auch die Konkretisierung der Europäischen Sicherheits- und Verteidigungspolitik stellt die Frage nach Bedarf, Funktion und Rolle der NATO neu.

Johannes Varwick, Auf dem Weg zum Weltpolizisten?, in: APuZ, 15-16/2009

1 *Kohärenz: hier im Sinne von Zusammenhalt*
2 *ad hoc: eigens zu diesem Zweck, aus dem Augenblick heraus entstanden*

2 Seinen wichtigsten Auftrag hat der [neue Generalsekretär Anders Fogh Rasmussen, Einfügung durch den Bearbeiter] schon vom NATO-Gipfel im April [2009] bekommen. Er muss einen Rat der Weisen berufen, der „in enger Abstimmung mit den Partnerländern" Vorschläge für ein neues strategisches Konzept machen soll. Das alte stammt aus dem Frühjahr 1999, als die NATO Krieg gegen Serbien führte und Gefahren wie die durch den Terrorismus, durch die Verbreitung von Massenvernichtungswaffen, durch Angriffe auf Datensysteme oder durch scheiternde Staaten noch nicht auf ihrem Radar hatte.
Die NATO ist den modernen Herausforderungen nicht gewachsen. Im Kern ist die Allianz auf die Verteidigung des Bündnisgebietes angelegt – was ihr fehlt, ist eine Möglichkeit, in die Welt hinaus zu wirken, wenn die NATO-Länder ihre Sicherheit auch durch weit entfernte Vorgänge gefährdet sehen. Dass diese Anpassung trotz einiger Versuche noch nicht gelungen ist, hat einen einfachen Grund. Sobald es daran geht, konkrete Antworten auf die Herausforderungen zu formulieren, brechen Gegensätze in der Allianz auf.
Die Frage etwa, wie der Kampf gegen den Terror zu führen ist, spaltet die NATO immer noch, auch wenn die Kluft seit der Wahl Barack Obamas zum amerikanischen Präsidenten geringer geworden ist. Ein anderes Beispiel ist das Verhältnis zu Russland. Während die USA und die westeuropäischen Staaten in Moskau einen Partner sehen, dringen die osteuropäischen NATO-Länder, allen voran die baltischen, auf eine gegen Russland gerichtete Verteidigungsplanung.
Wie dies alles auf einen Nenner gebracht werden kann, weiß derzeit niemand.

Martin Winter, Amtsübernahme mit Hindernissen, in: Süddeutsche Zeitung, 1.8.2009

Aufgaben

G 1. Analysieren Sie anhand von M 1 und M 2, vor welchen Herausforderungen und Problemen die NATO nach dem Ende des Kalten Krieges stand.
2. Erörtern Sie, welche Ursachen die Wandlung der NATO herbeigeführt haben und welche Rolle dabei das Ende des Ost-West-Konflikts spielte.
3. Bilden Sie einen „Rat der Weisen" und versuchen Sie anhand der zusammengetragenen Herausforderungen politische Leitlinien für das neue strategische Konzept zu erarbeiten.

Multinationale Zusammenarbeit am Beispiel des ISAF-Einsatzes in Afghanistan

4

Deutsche ISAF-Soldaten in der Nähe von Kundus

Afghanistan – Menschen und Geschichte

Die Islamische Republik Afghanistan liegt in Zentralasien und umfasst eine Fläche von 652.000 qkm. Die Hauptstadt ist Kabul. Die Bevölkerung wurde 2008 auf 32 Millionen Einwohner geschätzt. Genaue Angaben zur ethnischen Aufteilung der Bevölkerung sind nicht verfügbar Die größte Bevölkerungsgruppe mit ca. 42% sind Paschtunen. Daneben gibt es neben kleinen ethnischen Splittergruppen noch bedeutende Anteile *Tadschiken*, *Hazara* und *Usbeken*. 99% der Bevölkerung sind Muslime, davon 84% Sunniten und 15% Schiiten.
Schon im 19. Jahrhundert haben sich die afghanischen Stämme immer wieder erfolgreich gegen britische Besatzer aufgelehnt. 1978 übernahmen Kommunisten die Macht im Land, ab 1979 militärisch unterstützt durch die Sowjetunion, die erst zehn Jahre später ihre Truppen wieder aus dem Land abzog. Anschließend brach ein blutiger Bürgerkrieg in Afghanistan aus, der durch die islamistischen *Taliban*, die sich selbst als „Gotteskrieger" bezeichnen, 1996 beendet wurde. Diese errichteten ein System nach den strengen Regeln der *Scharia*, welches v. a. Frauen jegliche Rechte absprach, sie von schulischer Bildung fernhielt und sie aus der Öffentlichkeit verdrängte. Als unislamisch gewertete Kulturgüter

wurden zerstört. Dem international gesuchten Terroristen *Osama Bin Laden* und seiner Terrororganisation *al-Qaida* gewährten die Talibanherrscher Zuflucht in Afghanistan. In sogenannten Terrorcamps wurden zahlreiche al-Qaida-Kämpfer ausgebildet.
In Folge der Terroranschläge auf das *World Trade Center* und das *Pentagon* in den USA am 11. September 2001, die von Osama Bin Laden und der al-Qaida ausgingen, startete auf der Grundlage einer UN-Resolution die breit angelegte Militäraktion *Operation Enduring Freedom* unter Führung der USA. Das Regime der Taliban wurde gestürzt und es konnte mit dem Aufbau demokratischer Strukturen in Afghanistan begonnen werden.
Die Regierungsform Afghanistans ist heute nominell eine Republik mit einem Präsidialsystem. Das Staatsoberhaupt und der Regierungschef ist seit 2001 *Hamid Karsai.*

Der ISAF-Einsatz

Nach dem Sturz der Taliban wurde die internationale Schutztruppe *ISAF* (engl. *International Security Assistance Force*) unter dem Kommando der NATO mit einer Sicherheits- und Aufbaumission in Afghanistan betraut. Das Mandat für den Einsatz deutscher Soldaten erfolgte im Dezember 2001. Ziel des ISAF-Einsatzes ist in erster Linie die Unterstützung einer legal gewählten Zentralregierung beim Aufbau demokratischer Strukturen und die Schaffung von Sicherheit für die Zivilbevölkerung sowie die beteiligten Truppen und Hilfsorganisationen. 2009 waren 42 Nationen nicht nur aus NATO-Mitgliedstaaten an der Aktion beteiligt.

Das Engagement Deutschlands in Afghanistan im Rahmen der ISAF
M 2

Im Rahmen des ISAF-Mandats engagiert sich Deutschland in Afghanistan mit bis zu 5.350 Bundeswehrsoldaten (Stand März 2010), etwa 260 Polizeikräften sowie zahlreichen Entwicklungshelfern. Neben vielfältigen humanitären Projekten (z. B. Einrichtung von Schulen, Bau von Brunnenanlagen etc.) leistet Deutschland Hilfe bei Aufbau und Ausbildung der Polizei und bemüht sich – mit Hilfe der Bundeswehr – um Sicherheit und Stabilität v. a. in der Region um Kundus.
Der Einsatz der Bundeswehr in Afghanistan ist innerhalb der deutschen Bevölkerung umstritten, zumal die Soldatinnen und Soldaten immer wieder in Kampfhandlungen verwickelt werden bzw. gezielten Terroranschlägen ausgesetzt sind.
Im Oktober 2008 verwendete der damalige Bundesverteidigungsminister erstmals den Begriff „Gefallene" für die im Einsatz getöteten Soldaten, ohne damit jedoch das Eingeständnis zu verbinden, Deutschland befinde sich „im Krieg". Sein Nachfolger im Amt, *Karl Theodor zu Guttenberg*, spricht von „kriegsähnlichen Zuständen" in Afghanistan.

ISAF-Truppen in Afghanistan

M 1

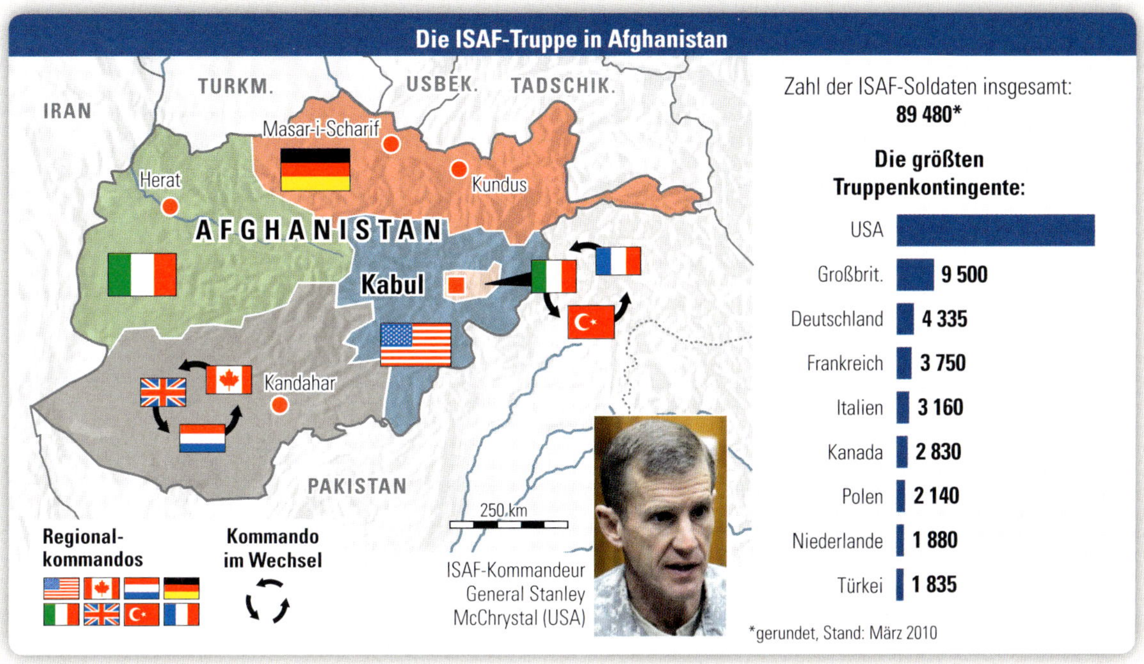
Die ISAF-Truppe in Afghanistan
IRAN
TURKM.
USBEK.
TADSCHIK.
Masar-i-Scharif
Kundus
Herat
AFGHANISTAN
Kabul
Kandahar
PAKISTAN
250 km
Regional-kommandos
Kommando im Wechsel
ISAF-Kommandeur General Stanley McChrystal (USA)
Zahl der ISAF-Soldaten insgesamt:
89 480*
Die größten Truppenkontingente:
USA
Großbrit. 9 500
Deutschland 4 335
Frankreich 3 750
Italien 3 160
Kanada 2 830
Polen 2 140
Niederlande 1 880
Türkei 1 835
*gerundet, Stand: März 2010

dpa-Grafik 12475, Quelle: ISAF

Internationales und deutsches Engagement in Afghanistan

M 2

Unter der Ägide der UNO wurde … die sogenannte Afghanistan-Konferenz zum 27. November 2001 auf dem Petersberg bei Bonn einberufen. Die eingeladenen Vertreter fast aller wichtigen politischen Richtungen des Landes befürworteten die Initiative. Nicht einbezogen waren Vertreter der Talibanbewegung. Die Konferenz endete mit einer Vereinbarung über vorläufige Regelungen bis zur Wiederherstellung dauerhafter staatlicher Institutionen in Afghanistan. Als Chef der Interimsverwaltung wurde der Paschtune Hamid Karsai eingesetzt.

Mit UN-Mandat ist dann die Internationale Sicherheitsbeistandstruppe (= ISAF) zum Schutz der vorläufigen Regierung in Kabul gebildet worden. Von der zunächst 5.000 Mann umfassenden Truppe stellte Deutschland das Hauptkontingent. Ab 2003 verlagerte sich der Schwerpunkt des Bundeswehr-Engagements von Kabul nach Nordafghanistan. Dort übernahm Deutschland 2006 auch die Führung des ISAF/NATO-Regionalkommandos Nord, zudem die Verantwortung für die Regionalen Wiederaufbauteams (PRTs) in Kundus und Faizabad, jeweils mit ziviler und militärischer Komponente. Beim überwiegenden Teil der Bevölkerung im Norden des Landes genießt die Arbeit der Bundeswehr immer noch hohes Ansehen.

Deutschland unterstützte organisatorisch die beiden Großen Ratsversammlungen (Loya Jirgas) 2002 und 2003 in Afghanistan. Während der ersten Versammlung wurde Karsai als Präsident der Übergangsregierung bestätigt, anlässlich der zweiten die Verfassung der Islamischen Republik Afghanistan verabschiedet. Die Durchführung der nachfolgenden Präsidentschaftswahl hat die Bundesregierung finanziell unterstützt.

In Anknüpfung an alte Traditionen hat Deutschland wieder einen Teil der Aus- und Weiterbildung der afghanischen Polizei übernommen. Deutsche Experten setzen sich auch für den Aufbau eines funktionierenden Justizwesens ein. Der Wiederaufbau der Wasserkraftwerke in Mahipar und Sarobi kommt gut voran; sie sollen in Kürze rund 50 % des Energiebedarfs in Kabul abdecken. Eine bessere Trinkwasserversorgung für die Hauptstadt und Provinzstädte wie Kundus oder Herat ist mit

Erfolg realisiert worden. Der Straßenbau wird vorangetrieben.

Um der gesamtwirtschaftlichen Entwicklung in Afghanistan nachhaltige Impulse zu geben, fördert Deutschland u. a. Existenzgründungen sowie berufliche Bildungs- und Fortbildungsmaßnahmen. Mit deutscher Hilfe sind auch die Amani-Schule in Kabul wieder aufgebaut und viele andere Schulen, insbesondere für Mädchen, errichtet worden. Die Lehreraus- und -weiterbildung ist ebenfalls ein wichtiger Teil des deutschen Engagements.

Alles in allem wird Deutschland bis 2010 einschließlich humanitärer, Not- und Übergangshilfe mehr als 900 Millionen Euro für Afghanistan bereitgestellt haben. Nach den USA, Großbritannien und Japan ist Deutschland damit das viertgrößte bilaterale Geberland.

Besonderer Erwähnung bedürfen auch die Aktivitäten privater Hilfsorganisationen und politischer Stiftungen. Stellvertretend für viele andere Einrichtungen sind hier die „Kinderhilfe Afghanistan“ der Familie Erös aus Bayern und die von Rupert Neudeck ins Leben gerufenen „Grünhelme“ anzuführen. Beide Organisationen, die ausschließlich auf private Spenden angewiesen sind, werden von den Afghanen hochgeschätzt. Dr. Erös engagiert sich u. a. für den Bau von Grund- und Oberschulen, Krankenstationen, Waisenhäusern und Lehrlingswerkstätten in entlegenen Provinzen; die „Grünhelme“ setzen sich ebenfalls für die Errichtung von Schulen, aber auch von Ambulanzen und Wasserversorgungsanlagen ein. Die auch in Kabul vertretene Konrad-Adenauer-Stiftung ist u. a. durch ihre Stipendiaten- und Praktikantenprogramme im Medienbereich hervorgetreten. Im Mai 2003 hat sie die erste „Denkfabrik“ in der afghanischen Hauptstadt, das „National Center for Policy Research“ gegründet. Diese Einrichtung kooperiert z. B. mit der Ruhr-Universität Bochum.

Reinhard Möller, Deutschlands Engagement in Afghanistan. Vom ersten Weltkrieg bis zur Gegenwart (15. September 2008) www.bpb.de/themen/L3SF5M,1,0,Deutschlands_Engagement_in_Afghanistan.html

Aufgaben

G 1. Verschaffen Sie sich in einer arbeitsteiligen Gruppenarbeit einen Überblick über Geschichte, Geografie, Gesellschaft und politisches System Afghanistans.

2. Informieren Sie sich mit Hilfe von Internet und Tageszeitungen über die gegenwärtige Sicherheitslage sowie Fortschritte beim Aufbau demokratischer Strukturen in Afghanistan. Präsentieren Sie Ihre Ergebnisse der Klasse.

3. Führen Sie in der Klasse ein Streitgespräch über Notwendigkeit und Erfolgsaussichten des ISAF-Einsatzes.

4. Erschließen Sie die Motive der Bundesrepublik Deutschland, sich in Afghanistan zu engagieren.

5. Erstellen Sie eine Übersicht über deutsche Maßnahmen des zivilen Wiederaufbaus in Afghanistan (M 2). Inwieweit dienen diese Maßnahmen dem ISAF-Ziel „Sicherheit und Wiederaufbau Afghanistans“?

Der Afghanistaneinsatz der Bundeswehr im Spiegel von Pressefotos

M 3

Bundeswehr auf Streife nahe Kundus

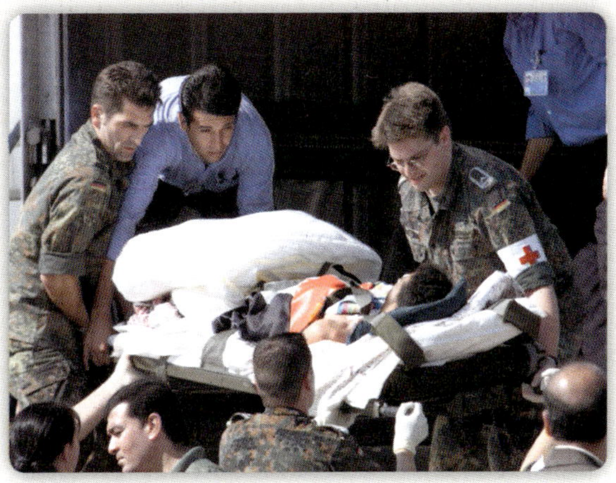

Bundeswehrsanitäter im Einsatz

Nach einem NATO-Luftangriff auf von den Taliban entführte Tanklaster

Trauerfeier für gefallene Bundeswehrsoldaten in Kundus

Anschlag auf Bundeswehrfahrzeuge

Verteidigungsminister zu Guttenberg beim Truppenbesuch in Afghanistan im November 2009

Methode

Analyse von Pressefotos

Ein Bild sagt mehr als tausend Worte. Deshalb greifen Journalisten von jeher auf das Mittel der Fotografie zurück, um politische, gesellschaftliche und andere Ereignisse zu illustrieren oder diese ausschließlich durch Bildmaterial als sogenannte Fotoreportage darzustellen.

- Dieses Bildmaterial gibt in den seltensten Fällen die Realität exakt wieder. Denn der Fotojournalist hält die Realität so fest, wie er sie sieht. Er arrangiert Motiv und Umgebung. Er definiert den Bildausschnitt. Er entscheidet, was auf dem Bild zu sehen sein wird und was nicht.
- Nicht erst seit der digitalen Fototechnik gibt es außerdem unzählige Möglichkeiten, fotografische Aufnahmen zu verändern. Dies beginnt bei der „Verschönerung" oder Verjüngung von Gesichtern und kann mit dem Wegretuschieren missliebiger Personen enden – wie dies in Diktaturen wie der UdSSR oder China schon vorgeführt wurde.
- Als Betrachter muss man auch bedenken, dass aus dem Zusammenhang gerissene Moment- oder Detailaufnahmen leicht zu falschen Schlüssen verleiten können.

Wichtig für die Einschätzung journalistischer Fotos sind deshalb Hintergrundinformationen!

Mögliche Fragen bei der Arbeit mit Pressefotos

Zur Entstehung

- Wann wurde das Foto gemacht? Was könnte der Anlass gewesen sein?
- Wer hat das Foto gemacht und in wessen Auftrag?
- Für welche Adressaten wurde das Foto gemacht?
- In welcher Publikation, von welcher Institution wurde das Foto veröffentlicht?

Zur Darstellung

- Was ist auf dem Bild dargestellt? Welche Einzelheiten sind zu sehen? (Vordergrund und Hintergrund betrachten!)
- Mit welcher Bildtechnik wurde das Foto gestaltet (Ausschnitt, Bildaufbau, Bildmittelpunkt, Brennweite, Kameraperspektive, Einstellungsgröße)?
- Wurde das Bild bearbeitet (Retusche, Montage, Beschnitt)?
- Lässt sich ein bestimmtes „Motiv", ein Leitthema erschließen?
- Welche weiteren Informationen sind wichtig, um das Bild interpretieren und in seinen politisch-geschichtlichen Zusammenhang einordnen zu können?
- Ist das Foto repräsentativ (für die Entstehungszeit, Situation)?
- Handelt es sich um einen Schnappschuss oder um eine gestellte Szene?
- Wurde das Bild von einem Profi oder einem Amateur gemacht?
- Sollte die gezeigte Situation dokumentiert oder künstlerisch gestaltet werden?

Zur Bewertung

- Wie bewerten Sie die Bildunterschriften und die dem Foto beigefügten Informationen? Enthalten sie Wertungen, sollen sie den Betrachter beeinflussen, enthalten sie Falschinformationen?
- Welche Fragen bleiben offen? (Interessant ist auch die Frage, welche Bilder z.B. aus Afghanistan der Öffentlichkeit vorenthalten werden!)
- Wenn Sie alle „Fragen" beantwortet haben: Welches „Gesamtbild" entsteht für Sie, nachdem Sie alle „Puzzleteile" zusammengefügt haben? Welche Deutungen soll das Bild vermitteln? Wie deuten Sie die Aussage des Fotos?

nach: www.koerber-stiftung.de/bildung/geschichtswettbewerb/fortbildung/arbeitsblaetter.html

Aufgaben

1. Analysieren Sie die auf der vorhergehenden Seite abgebildeten Pressefotos nach der vorgestellten Methode.
2. Stellen Sie Überlegungen an, welche Einstellungen und Reaktionen zum Bundeswehreinsatz in Afghanistan im In- und Ausland durch die Publikation dieser Bilder hervorgerufen werden (sollen).

Ein Besuch im Lager der Bundeswehr in Kundus

M 4

Die Transall C-160 dreht ab, der Anflug wird abgebrochen. In der Nähe des Flughafens hat sich ein Selbstmordattentäter in die Luft gesprengt. Eine Stunde später kommt die Maschine doch in Kundus an.
Schwerbewaffnete Soldaten sichern das Areal. Es sind 44 Grad im Schatten. Vorbei an Ruinen, Autowracks und der neuen Polizeischule, die von den Deutschen gebaut wird, führt der Weg ins Feldlager der Bundeswehr, wo zusätzlich zu den 927 Soldaten auch zivile Aufbauhelfer leben.
Der Norden Afghanistans, vor allem der Raum um Kundus, ist in den vergangenen Monaten mehr und mehr zum Brennpunkt geworden. NATO-Kommandeur Stanley McChrystal befürchtet, dass die Taliban nach der Offensive der Amerikaner im Süden des Landes vermehrt in die Region ausweichen werden.
Etwa 40 Anschläge haben Extremisten in diesem Jahr bereits in Kundus verübt, ein bis zwei primitiv gebaute Raketen fliegen pro Woche auf das deutsche Lager. Jüngst beteiligten sich 300 Bundeswehrsoldaten an einer Offensive gegen die Taliban, die offiziell unter Führung der afghanischen Armee stand, was Beobachter allerdings bezweifeln.
Spricht man mit den Menschen in der Gegend, sagen sie meist so etwas wie der Mann, der sich als Ahmed vorstellt: „Die Deutschen machen hier gute Arbeit.“ Die Taliban seien allerdings weder verbannt noch nachhaltig geschwächt – trotz der kürzlich erfolgten Operation.
In einigen Dörfern tauchen erneut Drohbriefe an die Bevölkerung auf. Alle, die mit den ausländischen Soldaten zu tun hätten, bekämen die Kehle durchgeschnitten, heißt es darin. „Die Operation war erfolgreich, aber die Taliban stoßen wieder in manche Gebiete vor“, ist bei der Bundeswehr dazu zu hören. Es sei nicht genügend Personal vorhanden, um das Terrain umfassend zu halten. Auch die afghanischen Sicherheitskräfte haben längst nicht genug „Stiefel auf dem Boden“, wie es hier heißt. Will heißen: Sind die Extremisten aus einem Gebiet vertrieben oder getötet, kommen bald neue Kämpfer nach.
Für die Soldaten ist ein zentrales Problem, zu erkennen, wer Feind und wer Freund ist. „Sie sind teuflisch, sie tragen das hier genauso wie ich“, sagt Ahmed über die Extremisten und fährt sich über seinen langen, grauen Bart. Die Region um Kundus ist eine Hochburg der Paschtunen. Aus dem Volksstamm rekrutieren die Taliban ihre Kämpfer.
Etliche Militante haben noch Familienkontakte in den Süden des Landes – wo amerikanische und britische Soldaten einen verlustreichen Kampf gegen die Islamisten führen. Von dort aus sickern nun vermehrt Kämpfer in den Norden ein.
Im Lager ist die Stimmung angespannt, aber nicht gedrückt. Ein junger Soldat, der seit fünf Monaten im Einsatz ist, sagt: „Die Lage ist im Laufe der Zeit immer mehr eskaliert.“ Die afghanische Bevölkerung sei im Umgang mit den Deutschen zwar freundlich – „in manchen Dörfern wird uns aber auch ins Gesicht gesagt: „Wir unterstützen die Aufständischen und nicht euch“, erzählt der Soldat, der aus Sicherheitsgründen um Anonymität bittet.
Vom Feldlager aus kann man die Gebiete sehen, aus denen die Raketen abgefeuert werden. Die Extremisten kommen mit einem kleinen Truck, feuern von der Ladefläche und verschwinden wieder. Verletzte oder Tote gab es im deutschen Lager noch nicht, aber die Spuren der Einschläge sind erkennbar.
Etwa in der Kantine, in der an diesem Tag Hausmannskost auf dem Speiseplan steht: Roulade, Rotkohl und Klöße, dazu gibt es Karottensalat. In der Nähe der Küche erinnert ein mehrere Zentimeter großes Loch an einen Raketeneinschlag, an der gegenüberliegenden Seite tritt die Isolierung hervor. Im Raum war zum Zeitpunkt des Angriffs niemand mehr.
110 Euro Zulage erhalten die 4000 Soldaten am Tag für ihren gefährlichen Einsatz in Afghanistan - egal ob Logistiker, Kfz-Mechaniker oder Kämpfer, der sich auf Patrouillen in Lebensgefahr begibt. „Es ist immer ein mulmiges Gefühl, aber ich habe keine Angst“, sagt ein Bundeswehrsoldat, der dafür zuständig ist, Kampfmittel zu beseitigen.
Er ist einer der ersten, der das Lager verlassen muss, wenn es kritisch wird. Seine Aufgabe ist es etwa, die tückischen, meist primitiv gebauten Sprengfallen zu entschärfen. Die Extremisten platzieren sie bevorzugt am Straßenrand und zünden die Ladung, wenn ein Konvoi der Bundeswehr daran vorbeifährt.
„Ich kann mich nur durch meine Professionalität schützen“, sagt der Soldat. Fast täglich verlässt

er das Feldlager, manchmal muss er eine ganze Woche draußen verbringen. „Jeder Zweifel kann einem in diesem Job das Leben kosten."
Es ist sein erster Einsatz in Afghanistan, vergangenes Jahr war er im Kosovo. „Die Lage hier in Kundus ist wesentlich angespannter, man weiß zwar nie, wann es eskaliert, man weiß aber, dass es eskalieren wird", sagt der Soldat. In Deutschland betrieben die Medien allerdings eine Panikmache: „Die Öffentlichkeit scheint das, was wir hier machen, wie am Live-Ticker zu verfolgen. Manchmal weiß das ganze Land, dass es Tote oder Verletzte gibt, bevor wir und die Familien zu Hause darüber informiert wurden."
Die vermittelte Realität habe mit der Lage in Kundus nicht viel zu tun. „Hier haben wir ein ganz anderes Empfinden, wir leben mit der Gefahr, machen so gut es geht unsere Arbeit", sagt der junge Mann. Einen kurzen Moment überlegt er, bevor er anfügt: „Uns bleibt auch gar nichts anderes übrig."

Tobias Matern, Zu wenig Stiefel auf dem Boden, Süddeutsche Zeitung, 13.8.2009; www.sueddeutsche.de/politik/586/484027/text/

M 5 Die Meinung der Deutschen zum Bundeswehreinsatz in Afghanistan

Halten Sie die Beteiligung der Bundeswehr an Einsätzen in Afghanistan eher für richtig oder eher für falsch?

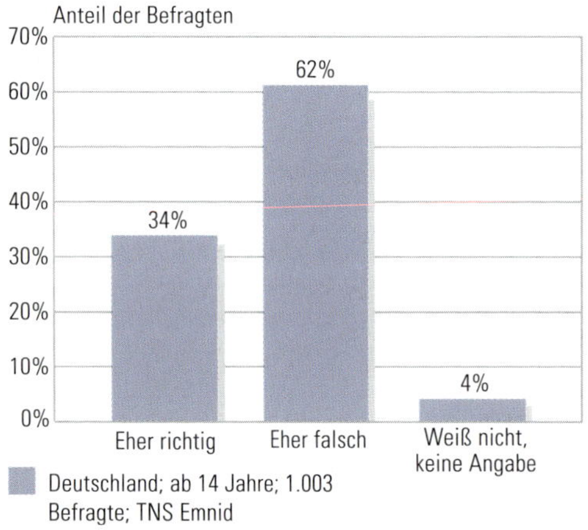
Anteil der Befragten
70%
60%
50%
40%
30%
20%
10%
0%
34%
62%
4%
Eher richtig
Eher falsch
Weiß nicht, keine Angabe
Deutschland; ab 14 Jahre; 1.003 Befragte; TNS Emnid

® Statista.org 2010; Quelle: Die Zeit

Was meinen Sie, wie hat sich die Beteiligung der Bundeswehr am Einsatz in Afghanistan auf die Sicherheitslage in Deutschland ausgewirkt?

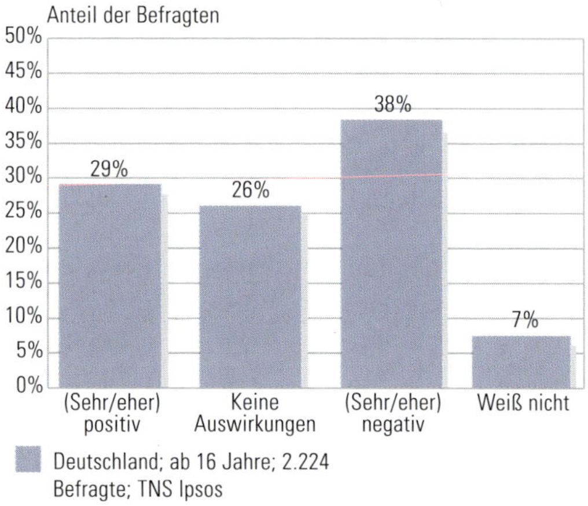
Anteil der Befragten
50%
45%
40%
35%
30%
25%
20%
15%
10%
5%
0%
29%
26%
38%
7%
(Sehr/eher) positiv
Keine Auswirkungen
(Sehr/eher) negativ
Weiß nicht
Deutschland; ab 16 Jahre; 2.224 Befragte; TNS Ipsos

® Statista.org 2008; Quelle: Sozialwissenschaftliches Institut der Bundeswehr

Aufgaben

1. Beschreiben Sie die Situation der ISAF-Soldaten in Afghanistan. Mit welchen Problemen haben sie vor Ort zu kämpfen und welche Haltung wird ihnen in Deutschland entgegengebracht?
2. Diskutieren Sie die innen- und außenpolitischen Auswirkungen der deutschen Afghanistan-Politik.
3. Führen Sie eine Probeabstimmung in Ihrer Klasse über den Bundeswehreinsatz in Afghanistan durch. Begründen Sie jeweils Ihre Meinung. Vergleichen Sie das Ergebnis in Ihrer Klasse mit dem Umfrageergebnis in M 5.

Bundeswehr

Info

Seit 1955 unterhält die Bundesrepublik Deutschland eigene Streitkräfte zur Landes- und Bündnisverteidigung. 1956 wurde eine Allgemeine Wehrpflicht für Männer ab Vollendung des 18. Lebensjahres eingeführt. Die Wehrpflicht beträgt ab 2010 sechs Monate. Sie kann durch den Zivildienst ersetzt werden. Seit 2001 stehen auch Frauen alle Bereiche des Wehrdienstes offen.
Die Bundeswehr setzt sich aus den Teilstreitkräften Heer, Luftwaffe und Marine zusammen. Ihr Gesamtumfang beträgt 252.000 Soldatinnen und Soldaten, darunter ca. 55.000 Wehrpflichtige.

Die Kommandogewalt liegt im Frieden beim Bundesverteidigungsminister, im Verteidigungsfall beim Bundeskanzler. Der Einsatz der Bundeswehr ist durch Artikel 87a GG geregelt und erstreckte sich bis 1989/90 ausschließlich auf das Landes- und Bündnisgebiet. Das Urteil des Bundesverfassungsgerichts vom 12. Juli 1994 erlaubt nun auch Einsätze außerhalb des NATO-Gebietes (out-of-area) aufgrund eines UN-Mandates. Diese Einsätze sind abhängig von der Zustimmung des Bundestags.

Autorentext

Die Rolle der Bundeswehr in der deutschen Außenpolitik – aus den verteidigungspolitischen Richtlinien für den Einsatz der Bundeswehr

M 6

5. Nach Artikel 87a des Grundgesetzes stellt der Bund Streitkräfte zur Verteidigung auf. Verteidigung heute umfasst allerdings mehr als die herkömmliche Verteidigung an den Landesgrenzen gegen einen konventionellen Angriff. Sie schließt die Verhütung von Konflikten und Krisen, die gemeinsame Bewältigung von Krisen und die Krisennachsorge ein. Dementsprechend lässt sich Verteidigung geografisch nicht mehr eingrenzen, sondern trägt zur Wahrung unserer Sicherheit bei, wo immer diese gefährdet ist. Die Vereinbarkeit internationaler Einsätze der Bundeswehr, die im Rahmen von Systemen kollektiver Sicherheit durchgeführt werden, mit der Verfassung wurde durch das Bundesverfassungsgericht und den Deutschen Bundestag bestätigt.

9. Das sicherheitspolitische Umfeld Deutschlands ist durch veränderte Risiken und neue Chancen gekennzeichnet. Eine Gefährdung deutschen Territoriums durch konventionelle Streitkräfte gibt es derzeit und auf absehbare Zeit nicht. Das Einsatzspektrum der Bundeswehr hat sich grundlegend gewandelt.

10. Die sicherheitspolitische Lage erfordert eine auf Vorbeugung und Eindämmung von Krisen und Konflikten zielende Sicherheits- und Verteidigungspolitik, die das gesamte Spektrum sicherheitspolitisch relevanter Instrumente und Handlungsoptionen umfasst und auf gemeinsamem Handeln mit Verbündeten und Partnern aufbaut. Für die Bundeswehr stehen Einsätze der Konfliktverhütung und Krisenbewältigung sowie zur Unterstützung von Bündnispartnern, auch über das Bündnisgebiet hinaus, im Vordergrund.

16. Die Wehrpflicht bleibt in angepasster Form für die Einsatzbereitschaft, Leistungsfähigkeit und Wirtschaftlichkeit der Bundeswehr unabdingbar. Der Schutz Deutschlands und seiner Bürgerinnen und Bürger einschließlich der Befähigung zur Rekonstitution sowie die eventuelle Unterstützung bei Naturkatastrophen und Unglücksfällen begründen auch künftig – neben anderen Gründen – die allgemeine Wehrpflicht.

35. Oberstes Ziel deutscher Sicherheitspolitik ist es, die Sicherheit und den Schutz seiner Bürgerinnen und Bürger zu gewährleisten. Sie nutzt dazu die bestehenden globalen und regionalen Sicherheitsinstitutionen wie die Vereinten Nationen (UN), die Organisation für Sicherheit und Zusammenarbeit in Europa (OSZE), die Nordatlantische Allianz (NATO) und die Europäische Union (EU). Die Vielfalt der Aufgaben erfordert eine gesamtstaatliche Sicherheitspolitik mit flexiblen und aufeinander abgestimmten Instrumenten, die mittelfristig in einer nationalen Sicherheitskonzeption gebündelt werden müssen.

42. Bewaffnete Einsätze der Bundeswehr – mit der möglichen Ausnahme von Evakuierungs- und Rettungsoperationen – werden gemeinsam mit Verbündeten und Partnern im Rahmen von UN, NATO und EU stattfinden.

43. Bei der Bewältigung der Herausforderungen des 21. Jahrhunderts fällt den UN eine herausragende Rolle zu. Der Sicherheitsrat der UN trägt nach der Charta die Hauptverantwortung für die Wahrung des Weltfriedens und der internationalen Sicherheit.

46. Die Zugehörigkeit Deutschlands zur NATO ist Grundlage für seine Sicherheit. Die NATO bleibt auch zu Beginn des 21. Jahrhunderts Garant für stabile Sicherheit in Europa, kollektives Verteidigungsbündnis und transatlantisches Konsultationsforum. Dadurch leistet sie einen unverzichtbaren Beitrag zur Gestaltung der gesamteuropäischen Friedensordnung und verknüpft die Sicherheit Europas mit der Sicherheit Nordamerikas.

50. Die EU ist der Kern des europäischen Stabilitätsraums. Für ihre politische Glaubwürdigkeit und Durchsetzungsfähigkeit ist es unabdingbar, dass sie umfassend in allen Politikbereichen handlungsfähig wird. Krisen, die Europa berühren, muss die EU mit einer breiten Palette ziviler und militärischer Fähigkeiten begegnen können. Die ESVP ist daher ein entscheidender Schritt zur Vertiefung der Integration und zur Erweiterung der sicherheitspolitischen Handlungsfähigkeit Europas. Ziel ist die Schaffung einer Europäischen Sicherheits- und Verteidigungsunion als Teil einer voll entwickelten Politischen Union.

Aus: Bundesministerium der Verteidigung, Verteidigungspolitische Richtlinien für den Geschäftsbereich des Bundesministers der Verteidigung, Berlin 2003, S. 18-24

Aufgaben

1. Skizzieren Sie anhand der verteidigungspolitischen Richtlinien (M 6), welche Rolle die Bundeswehr im Rahmen der deutschen Außenpolitik einnimmt.
2. Diskutieren Sie kontrovers die Frage: „Beibehalt der allgemeinen Wehrpflicht oder Berufsarmee in Deutschland?"

G 3. Referieren Sie unter Einbeziehung Ihrer Kenntnisse aus dem Geschichtsunterricht über die Entwicklung des Wehrdienstes in Deutschland vom Kaiserreich (1871) bis heute.

Nationale Politik in einer globalisierten Welt

III

Berlin
New
Helsinki

1 Deutsche Außenpolitik – Strategien und Chancen

Im Auswärtigen Amt in Berlin wird die deutsche Außenpolitik der Ministerien (Außen-, Verteidigungs-, Entwicklungshilfe- und Wirtschaftsministerium) koordiniert.

Einflussfaktoren der Außen- und Sicherheitspolitik
M 2 !

Die Außenpolitik eines Staates wird von verschiedenen Einflussfaktoren geprägt. Da gibt es zum einen die besonderen **Interessen** eines Staates, wie z.B. Sicherheit und Wohlstand für die Bevölkerung. Daneben wird das politische Handeln natürlich von den **Akteuren**, ihren Werthaltungen und auch ihren innenpolitischen Nutzenkalkülen bestimmt. Eingebunden sind Staaten außerdem in das **internationale System** mit Organisationen wie NATO, EU, UNO oder OSZE und deren Regeln und Institutionen.

Bedingungen deutscher Außenpolitik

Das außenpolitische Handeln Deutschlands ist darüber hinaus geprägt durch Bedingungen, die sich aus seiner Lage, Größe und seinen historischen Erfahrungen ergeben.

- Deutschland ist mit rund 82 Millionen Einwohnern das bevölkerungsreichste Land Europas und liegt in dessen Zentrum. Während des Ost-West-Konflikts war Deutschland durch die Grenze zwischen den beiden Blöcken zweigeteilt; heute liegt es an der „Wohlstandsgrenze" zu den ehemaligen Ostblockstaaten und unterhält **freundschaftliche Beziehungen** zu allen Nachbarstaaten. Größe und Wirtschaftskraft werden von außen aber mitunter auch mit einem gewissen Argwohn betrachtet.
- Deutschland hat in der Vergangenheit durch nationalistische Macht- und Expansionspolitik und durch Verfolgung von Minderheiten ein großes Maß an Schuld auf sich geladen. Im Bewusstsein dessen vertreten deutsche Politiker daher heute Freiheits- und Menschenrechte sowie die Demokratie mit Nachdruck. Auch die besondere Verantwortung Deutschlands gegenüber Israel ist eine Konsequenz aus der Vergangenheit.
- Als rohstoffarmes Land ist Deutschland besonders stark auf sichere und stabile Rohstoff- und Energiemärkte sowie auf Exporterfolge angewiesen, somit auf gut funktionierende **Außenhandelsbeziehungen**.

Veränderte Rahmenbedingungen nach 1989/1990

Die Vereinigung der beiden deutschen Staaten 1990 und das Ende der bipolaren Weltordnung bedeuteten für Deutschland einen Zuwachs an außenpolitischer Bedeutung und Verantwortung. Deutschlands wurde zur größten europäischen Regionalmacht und musste neue Verpflichtungen im Rahmen der veränderten NATO-Strategie sowie der Krisenbearbeitung durch die UNO übernehmen, was auch die **Beteiligung der Bundeswehr an internationalen Friedenseinsätzen** einschließt. Diese Neuorientierung löste heftige Debatten aus; 1994 bestätigte das Bundesverfassungsgericht jedoch die Verfassungsmäßigkeit internationaler Einsätze der Bundeswehr, sofern diese mit Zustimmung des Bundestages stattfinden. Dieses Grundsatzurteil des Bundesverfassungsgerichts bekräftigte den Charakter der Bundeswehr als einer **„Parlamentsarmee"**. Nach wie vor bleiben aber Verhandlungslösungen und der Einsatz von nichtmilitärischem Druck (Sanktionen, Embargen) die bevorzugten taktischen Mittel zur Lösung von internationalen Konflikten, vor allem im Rahmen der Initiativen von EU und UNO.

Ziele der deutschen Außenpolitik

Im Rahmen dieser Bedingungen verfolgt deutsche Außen- und Sicherheitspolitik das übergeordnete Ziel, Sicherheit und Frieden in Demokratie und Freiheit für Deutschland zu erhalten und die Voraussetzungen für wirtschaftliches Wohlergehen zu schaffen. Folgende Leitlinien haben sich im Laufe der Entwicklung der Bundesrepublik Deutschland herauskristallisiert und bestimmen außenpolitisches Handeln bis heute:

- die **Integration in die westliche Staatenwelt** mit ihren Werten Demokratie und Rechtsstaatlichkeit einschließlich der transatlantischen Bindung an die Weltmacht USA
- die Förderung der **europäischen Integration**
- auf Ausgleich und Partnerschaft bedachte Beziehungen zu den östlichen Nachbarsstaaten und die Gestaltung einer neuen **kooperativen Sicherheitsordnung** für Europa
- die Unterstützung **kooperativer Konfliktbearbeitung** durch UNO und andere internationale Organisationen
- eine **globale Geltung des Völkerrechts und der Menschenrechte**

Besondere Aufgabenfelder im 21. Jahrhundert

Als besondere Herausforderungen im 21. Jahrhundert werden angesehen:

- Rüstungskontrolle, Abrüstung und Nichtverbreitung nuklearer Waffen
- zivile Krisenprävention und humanitäre Hilfe
- der Umweltschutz
- die Bekämpfung von Terrorismus und organisierter Kriminalität
- Klimawandel und Energiepolitik
- die Kontrolle der Finanzmärkte
- das Verhältnis zu den aufstrebenden (Wirtschafts-) Weltmächten China und Indien
- Aufbau und Gestaltung einer **Global Governance-Architektur**

Siehe dazu Kapitel III.2, S. 93 ff., insbesondere M 10

M 1 Die außenpolitischen Akteure

Bundeskanzlerin Merkel beim G 8-Gipfel in Heiligendamm

Entwicklungsminister Dirk Niebel in Namibia

Außenminister Guido Westerwelle auf Auslandsbesuch in Katar.

Der deutsche Bundestag

BUNDESREPUBLIK DEUTSCHLAND
BOTSCHAFT

Deutsche Botschaft in Riga

GOETHE INSTITUT
ZENTRALVERWALTUNG

Das Goetheinstitut – kulturelle Vertretung Deutschlands im Ausland

Einflussfaktoren auf die deutsche Außenpolitik

! M 2

- Geografische Lage und geopolitisches Umfeld in der Mitte Europas
- Die aus der deutschen Vergangenheit abzuleitende Verantwortung
- Konzeptionelle Überlegungen der Bundesregierung (und ggf. des Bundestags)
- Weltpolitische Entwicklungen und Konflikte, Machtverteilung im internationalen System
- Vorgaben und Wertvorstellungen des Grundgesetzes bzw. seine Interpretation durch das Bundesverfassungsgericht
- **Außenpolitische Entscheidungen**
- Wirtschaftliche Beziehungen zu anderen Ländern und weltwirtschaftliche Entwicklungen
- Verpflichtungen durch Mitgliedschaft in internationalen Organistationen
- Einstellungen und Verhalten der Bürgerinnen und Bürger (z.B. als Konsumenten oder Touristen)
- Einstellung der Nachbarländer und Partner
- Die finanziellen Möglichkeiten des Bundeshaushalts
- Die auch durch Medien geprägte öffentliche Meinung zu Grundsatzfragen der Außenpolitik

Autorentext

Die Vorgaben des Grundgesetzes

M 3

Präambel	**„... als gleichberechtigtes Mitglied in einem vereinten Europa dem Frieden der Welt zu dienen ...“**
Art. 1	Bekenntnis zu „unverletzlichen und unveräußerlichen Menschenrechten als Grundlage jeder menschlichen Gemeinschaft, des Friedens und der Gerechtigkeit in der Welt.“
Art. 23	„Zur Verwirklichung eines vereinten Europas wirkt die Bundesrepublik Deutschland bei der Entwicklung der Europäischen Union mit, ...“
Art. 24	„Der Bund kann durch Gesetz Hoheitsrechte auf zwischenstaatliche Einrichtungen übertragen.“
Art. 26	„Handlungen, die geeignet sind und in der Absicht vorgenommen werden, das friedliche Zusammenleben der Völker zu stören, insbesondere die Führung eines Angriffskrieges vorzubereiten, sind verfassungswidrig.“
Art. 32	„Die Pflege der Beziehungen zu auswärtigen Staaten ist Sache des Bundes.“
Art. 59	„Der Bundespräsident vertritt den Bund völkerrechtlich. Er schließt im Namen des Bundes die Verträge mit auswärtigen Staaten.“
Art. 65	„Der Bundeskanzler bestimmt die Richtlinien der Politik und trägt dafür die Verantwortung.“
Art. 87 a	„Der Bund stellt Streitkräfte zur Verteidigung auf ...“ „Außer zur Verteidigung dürfen die Streitkräfte nur eingesetzt werden, soweit dieses Grundgesetz es ausdrücklich zulässt.“*)
Art. 115 a	„Die Feststellung, dass das Bundesgebiet mit Waffengewalt angegriffen wird oder ein solcher Angriff unmittelbar droht (Verteidigungsfall), trifft der Bundestag mit Zustimmung des Bundesrates. Die Feststellung erfolgt auf Antrag der Bundesregierung und bedarf einer Mehrheit von zwei Dritteln der abgegebenen Stimmen, mindestens der Mehrheit der Mitglieder des Bundestags.“

**) Nach einem Urteil des Bundesverfassungsgerichtes von 1994 sind Einsätze der Bundeswehr im Rahmen von UN und NATO im Ausland mit dem Grundgesetz vereinbar. Kampfeinsätze bedürfen der Zustimmung des Bundestags.*

M 4 Deutschland in internationalen Organisationen und Netzwerken

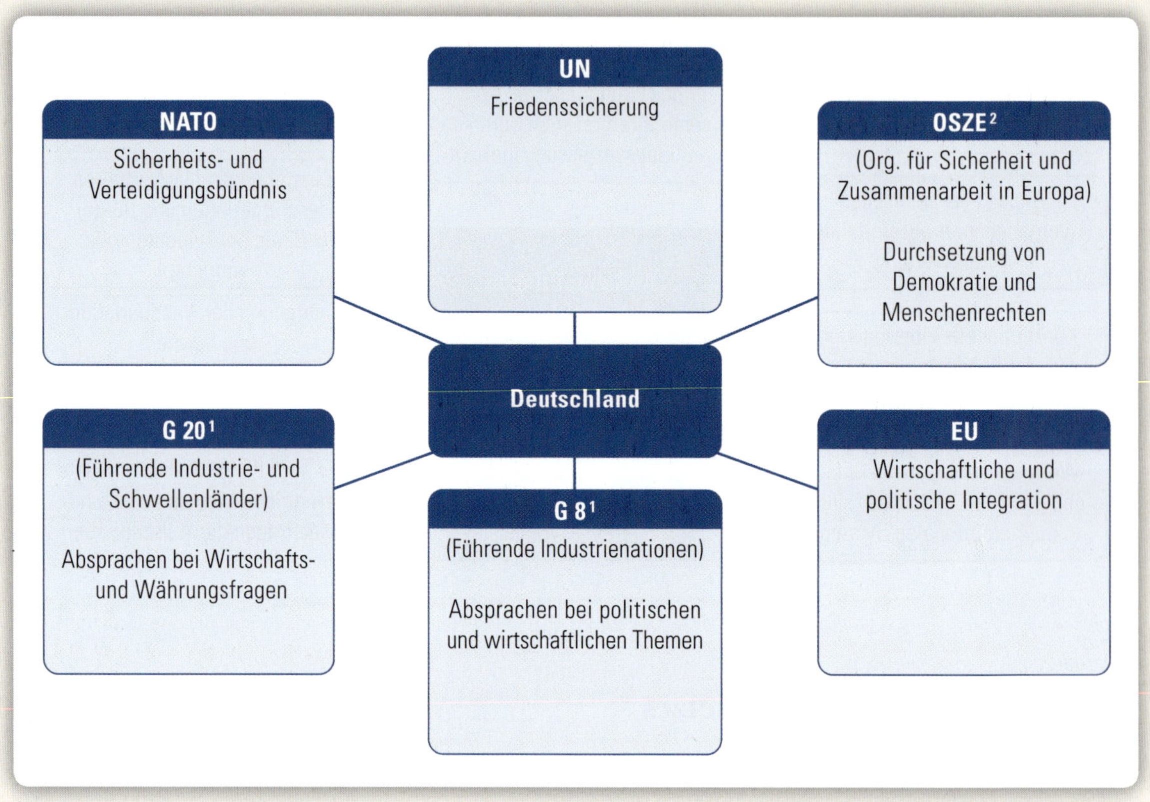
UN
Friedenssicherung
NATO
Sicherheits- und Verteidigungsbündnis
OSZE[2]
(Org. für Sicherheit und Zusammenarbeit in Europa)
Durchsetzung von Demokratie und Menschenrechten
Deutschland
G 20[1]
(Führende Industrie- und Schwellenländer)
Absprachen bei Wirtschafts- und Währungsfragen
EU
Wirtschaftliche und politische Integration
G 8[1]
(Führende Industrienationen)
Absprachen bei politischen und wirtschaftlichen Themen

[1] *siehe dazu „Akteure der Weltpolitik", S. 95*

[2] *Die Organisation für Sicherheit und Zusammenarbeit in Europa (OSZE) ging 1975 aus der Konferenz über Sicherheit und Zusammenarbeit in Europa (KSZE) hervor, die als politisches Forum zur Überwindung des Kalten Krieges diente. Der OSZE gehören alle Staaten in Europa, die Nachfolgestaaten der Sowjetunion, die USA und Kanada an. Zu ihren wichtigsten Aufgaben zählen heute Frühwarnung und Konfliktverhütung, Krisenbewältigung und Konfliktnachsorge (z. B. vorbeugende Diplomatie, Wahlbeobachtung, Rüstungskontrolle). Die Organisation verfolgt einen kooperativen Ansatz.*

Aufgaben

1. Sammeln Sie ausgehend von M 1 deutsche Institutionen, Organe, Organisationen und Interessengruppen, die in einem engeren Sinn oder einem weiteren Sinn international aktiv sind. Stellen Sie Ihre Ergebnisse grafisch in einem selbst entwickelten Schaubild dar.

2. Finden Sie Beispiele für die Einflussfaktoren (M 2) auf die deutsche Außenpolitik.

G 3. Erklären Sie den Einfluss der deutschen Vergangenheit auf das Grundgesetz (M 3).

G 4. Diskutieren Sie ausgehend von M 4 darüber, welche Motive für einen Staat ausschlaggebend sind, internationalen Organisationen beizutreten. Recherchieren und referieren Sie gegebenenfalls die historischen Hintergründe für den Beitritt Deutschlands zu den genannten Organisationen.

Prioritäten der deutschen Außenpolitik – eine Umfrage

M 5

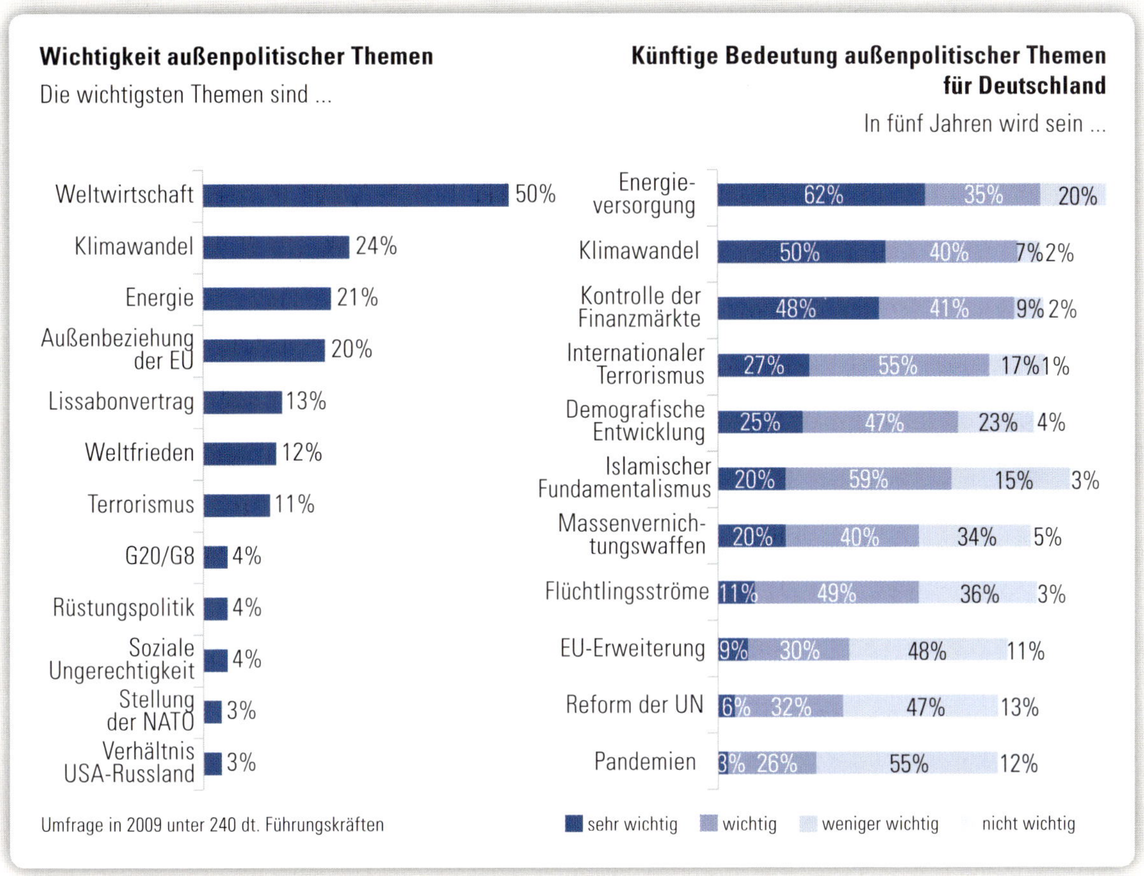
Wichtigkeit außenpolitischer Themen
Die wichtigsten Themen sind ...
Weltwirtschaft 50%
Klimawandel 24%
Energie 21%
Außenbeziehung der EU 20%
Lissabonvertrag 13%
Weltfrieden 12%
Terrorismus 11%
G20/G8 4%
Rüstungspolitik 4%
Soziale Ungerechtigkeit 4%
Stellung der NATO 3%
Verhältnis USA-Russland 3%
Umfrage in 2009 unter 240 dt. Führungskräften
Künftige Bedeutung außenpolitischer Themen für Deutschland
In fünf Jahren wird sein ...
Energieversorgung 62% 35% 20%
Klimawandel 50% 40% 7% 2%
Kontrolle der Finanzmärkte 48% 41% 9% 2%
Internationaler Terrorismus 27% 55% 17% 1%
Demografische Entwicklung 25% 47% 23% 4%
Islamischer Fundamentalismus 20% 59% 15% 3%
Massenvernichtungswaffen 20% 40% 34% 5%
Flüchtlingsströme 11% 49% 36% 3%
EU-Erweiterung 9% 30% 48% 11%
Reform der UN 6% 32% 47% 13%
Pandemien 3% 26% 55% 12%
sehr wichtig
wichtig
weniger wichtig
nicht wichtig

Quelle: DGAP, dimap; www.aussenpolitikstudie.de/download/Elitenstudie-Aussenpolitik_2009.pdf (abgerufen am 13.7.2009)

Wozu Außenpolitik? – Ein Kommentar

M 6

Außen- und Sicherheitspolitik haben für Deutschland heute nur noch zweitrangige Bedeutung. In den fünfziger Jahren des vergangenen Jahrhunderts wurde erbittert um Konrad Adenauers Westpolitik gekämpft: Was ist unser Hauptziel, Sicherheit oder Wiedervereinigung? Beim einen ging es um die Existenz der Bundesrepublik, beim anderen um die Kernfrage der Nation. In den sechziger und siebziger Jahren wurde ebenso erbittert um Willy Brandts Ostpolitik gekämpft: Wie halten wir es mit dem Osten? Gehen wir auf Konfrontation, um ihn niederzuzwingen, oder suchen wir die Kooperation, um das Mögliche möglich werden zu lassen. Beide Auffassungen lebten von der Überzeugung, nur so könne die Einheit Deutschlands gerettet werden. Danach gab es keinen grundsätzlichen Streit mehr, aber die Sorge um Frieden und Sicherheit hielt an, bis der Ost-West-Konflikt ein Ende fand.

Die Außen- und Sicherheitspolitik der Berliner Republik kennt keinen existenziellen und keinen grundsätzlichen Streit mehr, denn Deutschland ist vereint und sicher. Es ist von Freunden „umzingelt", auch unsere Nachbarn im Osten gehören der NATO an, und das Äußerste, was von Russland befürchtet wird, ist ein erpresserisches Zudrehen des Gashahns.

Die jüngste Geschichte seit dem Ende des Kalten Krieges hat Deutschland in eine Lage gebracht, in der es noch nie war: Es hat keinen Krieg zu befürchten, und ihm droht, soweit man voraus denken kann, auch künftig keine militärische

Gefahr. ... Eine Außenpolitik ohne Notwendigkeit verfällt leicht in Beliebigkeit. Sie bedarf, so scheint es, keiner strategischen Planung und wird von Fall zu Fall entschieden. ...

Wenn man Soldaten zu internationalen Einsätzen schickt, muss man sie Soldaten sein lassen wie alle anderen; wenn man das nicht will, darf man sie nicht schicken. Doch Bundesregierung und Bundestag taten weder das eine noch das andere. Sie lavierten zwischen politischer Pflicht und historischer Last, genauer: zwischen der Furcht vor Isolierung im Bündnis und der Angst vor dem Volke. Ihnen fehlten der Mut zum Kampf und die Zivilcourage zum Nein. So entsandten sie die Bundeswehr nur zu Hilfe- und Heildiensten und höchstens zu Schutz- und Kontrollaufgaben; über die Frage, ob Luftaufklärung schon Kampf sei, weil danach andere besser bomben könnten, entbrannte mehrfach heftiger Streit. ... Die deutsche Politik gerät in Gefahr, sich lächerlich zu machen. Sie wird gedrängt und lässt sich drängen, sie zögert und windet sich, aber gibt dann von Mal zu Mal weiter nach, bis sie tun muss, was sie nie tun wollte. ...

Die Militäreinsätze sind das heikelste Feld deutscher Außenpolitik und lassen deren verborgenes Problem am deutlichsten erkennen: Der äußeren Souveränität, die das vereinte Land 1990 erhielt, ist innere Souveränität noch nicht ausreichend nachgewachsen. So erklärt sich auch die Scheu, größere politische Risiken einzugehen. Die bedeutenden Vorgänger hatten den Mut dazu. Adenauer wie Brandt mussten ihre Politik gegen massive Widerstände im Inneren durchfechten; beide lagen zwar jeweils im Trend der internationalen Entwicklung, hatten aber keine Gewissheit, ob sie außenpolitisch ihr Ziel erreichen würden. Auch Helmut Kohl wusste nicht sicher, ob er, trotz amerikanischer Hilfe, Moskau, London und Paris mit der deutschen Einheit würde versöhnen können.

Berlin führt heute eine Außenpolitik, die erfolgreicher scheint, als sie ist, was nicht heißt, sie sei erfolglos. Integration Europas, Welthandel, Klima sind hochwichtige Themen, aber ziemlich gefahrlos: Auch wenn man scheitert, sind vor allem die anderen oder die Umstände Schuld. In aller Welt eine gute Figur machen, hebt das Ansehen, aber genügt nicht für den größten Staat der Europäischen Union.

Christian Hacke[1] fragte schon vor zwölf Jahren, ob Deutschland eine Weltmacht wider Willen sei. Offenkundig leidet es an einem Missverhältnis zwischen seiner Stärke und der Fähigkeit, sie zu gebrauchen. Gott sei Dank, sagt jeder, der noch die Zeit vor 1945 im Gedächtnis hat. Aber man kann sich nicht schwächer machen, als man ist; um Schweiz zu spielen, ist Deutschland zu groß. Wie bei den Militäreinsätzen kann es sich auf die Dauer den Erwartungen nicht entziehen, die an ein Land seiner Größe, Lage und Bedeutung gerichtet werden ...

Peter Bender, Deutsche Außenpolitik: Vernunft und Schwäche, in: APuZ 43/2008, S. 3f.

[1] Christian Hacke ist Autor der Publikation „Weltmacht wider Willen. Die Außenpolitik der Bundesrepublik Deutschland".

Aufgaben

1. Führen Sie in Ihrer Klasse eine Blitzumfrage zu den Prioritäten der deutschen Außenpolitik durch. Vergleichen Sie Ihre Ergebnisse mit den Ergebnissen der Studie aus M 5.
2. Erörtern Sie die Frage, warum die Bundesrepublik Deutschland als ein „von Freunden umzingeltes" Land (vgl. M 6, Z. 23/24) sich überhaupt außenpolitisch engagieren muss.
3. **G** Unterteilen Sie die Außenpolitik der Bundesrepublik Deutschland ausgehend von M 6 und unter Einbeziehung Ihrer Kenntnisse aus dem Geschichtsunterricht in Phasen. Stellen Sie jeweils die außenpolitische Richtlinie Deutschlands und den weltpolitischen Hintergrund gegenüber.
4. „Weltmacht wider Willen"? (vgl. M 6, Z. 83) – Diskutieren Sie in der Klasse, ob Deutschland überhaupt als „Weltmacht" bezeichnet werden kann und warum der Autor Christian Hacke die Einschränkung „wider Willen" vornimmt.

Herausforderung Globalisierung – Aspekte, Dimensionen und Konsequenzen

2

Was heißt „Globalisierung"?
M 1, M 2

Mit dem Begriff der Globalisierung werden längst nicht mehr nur Phänomene der weltweiten wirtschaftliche Verflechtung und der Entstehung globaler Märkte verstanden. Globalisierung ist neben dem wirtschaftlichen Strukturwandel auch ein politisches, gesellschaftliches, ökologisches und kulturelles Phänomen.

Die Ursachen globaler Verflechtung und Abhängigkeiten

Neben technologischen und wirtschaftlichen zählen auch politische Entwicklungen zu den Ursachen der Globalisierung:

- das Ende des Kalten Krieges und der politischen Blöcke
- die Öffnung von Grenzen und der Wegfall von Grenzkontrollen
- eine Liberalisierung des Handels und die Vereinheitlichung des Handelsrechts (v. a. durch die Welthandelsorganisation WTO)
- eine weltweite Kommunikation via Internet
- die Angleichung der Verbraucherbedürfnisse und des Verbraucherverhaltens weltweit
- eine flächendeckende Infrastruktur
- stark gesunkene Transport- und Kommunikationskosten
- eine nahezu unbegrenzte Mobilität

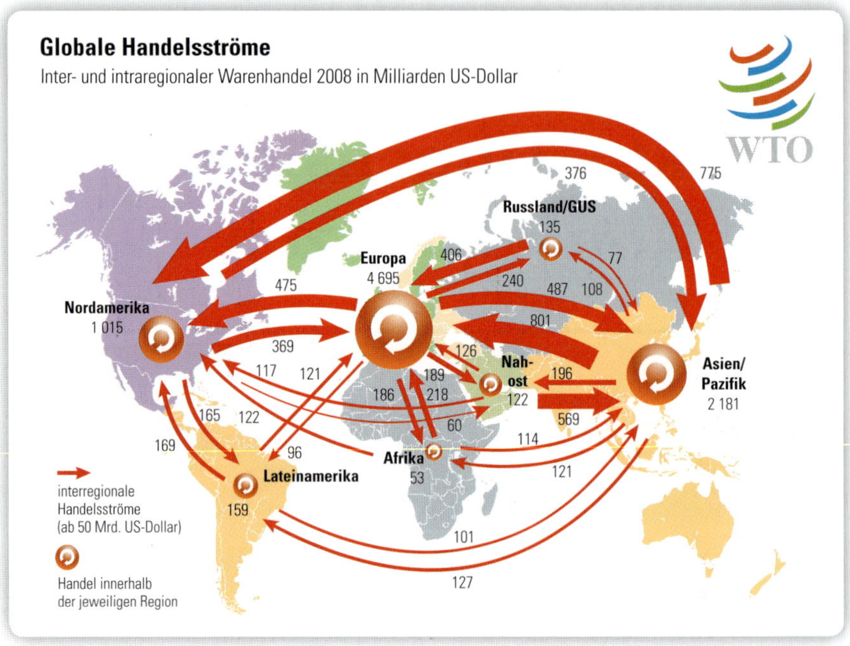
Globale Handelsströme
Inter- und intraregionaler Warenhandel 2008 in Milliarden US-Dollar
WTO
Nordamerika
1 015
Europa
4 695
Russland/GUS
135
Asien/
Pazifik
2 181
Nah-
ost
122
Afrika
53
Lateinamerika
159
376
775
406
77
240
487
108
475
801
369
126
117
121
189
218
196
186
165
122
60
569
114
169
96
121
101
127
interregionale
Handelsströme
(ab 50 Mrd. US-Dollar)
Handel innerhalb
der jeweiligen Region

Globus-Grafik 3171, Quelle: WTO

Folgen der Globalisierung

Die Globalisierung hat zwar durch die weltweite Arbeitsteilung eine enorme Wohlstandssteigerung sowohl in den Industriestaaten als auch in vielen ehemaligen Entwicklungsländern ermöglicht, in den letzten Jahren wurden jedoch auch die **Probleme** einer globalisierten Welt deutlich:

- die Verlagerung von Arbeitsplätzen in kostengünstigere Staaten
- Sozialdumping
- eine wachsende Kluft zwischen Arm und Reich
- Migration
- grenzüberschreitende Auswirkung lokaler Krisen
- Bedeutungsverlust und Verlust an Handlungskompetenz für den Nationalstaat
- Abhängigkeiten von anderen Staaten
- Gewichtsverlagerung auf transnationale Institutionen

Global Governance – ein Konzept zur Lösung globaler Probleme
M 10 !

Gerade die Ohnmacht des einzelnen Staates angesichts globaler Herausforderungen und Probleme wie internationaler Terrorismus, Migration, Klimawandel oder Finanzkrise machte deutlich, dass es nicht nur nationalstaatlicher, sondern globaler Anstrengungen bedarf, um hier Lösungen zu finden. Folglich kommt gemeinsamen internationalen Initiativen von Staaten und Gesellschaften eine wachsende Bedeutung zu.

Das Konzept von **Global Governance** versteht sich nicht als eine formale Weltregierung, sondern als eine flexible Strategie, die unterschiedlichste Akteure aus Politik, Wirtschaft und Gesellschaft zusammenbringt, um nach Lösungen für globale Probleme zu suchen. Dabei hilft ein Rahmen von international anerkannten Prinzipien und Regeln.

Akteure der Weltpolitik

Die **Nationalstaaten** bleiben nach wie vor wichtige Akteure der Weltpolitik. Zur Lösung globaler Probleme übertragen sie aber immer häufiger Regelungskompetenzen an **internationale Organisationen**, wie die Vereinten Nationen, die Europäische Union oder die Welthandelsorganisation (WTO). Beide Akteursgruppen stehen daher im Zentrum einer Weltordnungspolitik.
Unterhalb fester Organisationsformen gewinnen jedoch auch die mehr oder weniger informellen Absprachen bei **multilateralen Konferenzen**, wie dem G 8-Gipfel oder den G 20-Konferenzen zunehmend an Bedeutung.
Immer wieder treten zudem **Nichtregierungsorganisationen** (NGOs) als neue Akteure globaler Politik in Erscheinung (z. B. Greenpeace oder Attac). Sie spielen im Bereich der Interessenartikulation eine wichtige Rolle und sind durch ihre Verankerung in der Zivilgesellschaft für viele Menschen Hoffnungsträger einer mehr bürgerorientierten, demokratischeren Weltgesellschaft.

Recht im internationalen Raum

Internationale Ordnungsprinzipien, wie das Völkerrecht oder das internationale Handelsrecht, bilden einen wichtigen Bezugspunkt, mit dem sich die Rechtmäßigkeit zwischenstaatlichen Handelns beurteilen lässt.
Wichtige Gerichte, die auf der Grundlage internationalen Rechts urteilen, sind z.B. der **Internationale Gerichtshof** in Den Haag, der Streitfälle zwischen Staaten regelt, und der **Internationale Strafgerichtshof**, der seit 2002 schwerste Verbrechen gegen die Menschlichkeit, Völkermord und Kriegsverbrechen verfolgen und die Verantwortlichen zur Rechenschaft ziehen kann.

Schwächen von Global Governance

Zentrale Schwächen einer auf Selbstkoordination der Staaten beruhenden Global-Governance-Architektur sind der Mangel an Entscheidungsfähigkeit und die Umsetzung bzw. Durchsetzbarkeit von Entscheidungen. Einstimmig zu treffende Entscheidungen sind in großen multilateralen Verhandlungssystemen nur schwer herbeizuführen – und die Umsetzung einmal getroffener Entscheidungen hängt ganz vom Willen der Nationalstaaten ab. Da es aber kein internationales Gewaltmonopol gibt, können vor allem mächtige Staaten nicht gezwungen werden, internationale Vereinbarungen auch einzuhalten.

2.1 Aspekte der Globalisierung

M 1 Der Januskopf der Globalisierung

Fangen wir mit Socken an. Herrensocken, schwarze Baumwolle, fünf Paar zu fünf Euro. Damit beginnt eigentlich die ganze Geschichte über die Globalisierung. Man steht vor dem Wühltisch eines Kaufhauses und spielt Zeitreise im Kopf. Wie war das vor 20 Jahren? Jeder setzte sich hin, holte Nadel und Faden hervor und versuchte mit wenig Geschick, die Löcher in den alten Socken zu flicken. Heute stopft kaum noch jemand seine Strümpfe. Neue zu kaufen, ist sehr billig geworden.

Nicht nur Socken, übrigens. Auch DVD-Recorder, Schnitzel, Plastikspielzeug. Vieles ist erstaunlich preiswert, und genau damit beginnt das Problem. Die Deutschen selbst sind nämlich teuer. Krankenversicherung, Rentenanspruch, sechs Wochen tariflicher Urlaub – die Stunde eines Industriearbeitnehmers kostet 25,50 Euro. Der Tscheche hingegen nimmt 3,03 Euro und der Indonesier 33 Cent. Weil keiner viel Geld ausgeben will und Geiz geil ist, zerlegen Tschechen die Schweine zu Schnitzeln, schrauben Chinesen die DVD-Recorder zusammen. Und die Deutschen? Sie rennen zu Discountern und bangen um ihre Jobs, weil Unternehmer in Billiglohnländer ziehen. Willkommen in der Globalisierung.

Ein seltsames Gefühl macht sich breit, wenn man am Wühltisch über die vergangenen zwei Jahrzehnte grübelt. Nicht nur Jobs und Preise haben sich geändert, auch der Lebensstil. Man kann nach Barcelona fliegen und dort mit den gleichen Münzen bezahlen wie in Berlin-Neukölln. Manchmal kostet der Flug nicht mehr als eine Taxifahrt. Das Telefon ist zum unentbehrlichen Begleiter geworden und kein sperriger Kasten mehr, der einen beim Plaudern daheim auf die Wohnzimmercouch fesselt. Heute spielt das Handy Musik und Filme ab, sendet SMS, ist Fotoapparat, und wer es nicht dabei hat, vermisst etwas.

Wir hören Buena Vista Social Club auf Rügen und in Rom, sehen in allen Hotels CNN, trinken grünen Tee und sorgen uns, wenn in China die Vogelgrippe ausbricht, weil auch Viren heutzutage global reisen. Man bleibt zu Hause und zieht doch um die Welt, dank des Internets. Musik und Bahntickets kann man dort kaufen und Menschen treffen, denen wir früher nie begegnet wären.

Die Welt ist zusammengerückt, dank Technik, gesunkener Transportkosten, geöffneter Grenzen und Unternehmern, die im Ausland investieren. Eine neue Ära scheint sich anzukündigen …

Für die Globalisierung gilt ein Standardspruch der Ökonomen: „There are no free lunches." Für alles muss der Mensch zahlen. Wir können leichter nach Osteuropa und Asien reisen, aber wir haben auch neue Konkurrenten im Kampf um internationale Märkte bekommen. Die Kommunikation ist einfacher, doch das Leben unübersichtlicher geworden. Es gibt mehr Freiraum im Beruf – und mehr Unsicherheit. Wer nicht flexibel und gut ausgebildet ist, findet in der neuen Arbeitswelt kaum einen Platz. Das soziale Netz aber kann die Nachzügler kaum aufnehmen, es dehnt sich immer stärker unter der Last von Arbeitslosen, Kranken und Alten. Es geht um Gewinner und Verlierer. Die Globalisierung produziert sie überall.

In Indien und China leben viele Gewinner. Millionen Menschen können sich dort größere Wohnungen leisten, sie hungern seltener, weil sie bessere Jobs haben. Für sie heißt Globalisierung: Du hast eine Chance, auch wenn Du nicht in den USA oder Europa geboren bist. Die Verlierer der Globalisierung leben bevorzugt in Schwarzafrika, denn um diese Region machen Konzerne und Kapital einen Bogen. Die Menschen kämpfen gegen Krieg, Korruption und Krankheiten, viele verlieren diesen Kampf. Sie haben keine Chance, die sie nutzen können …

Auch in Industrieländern wie Deutschland leben Verlierer der Globalisierung. Die Pisa-Studie zeigte, dass viel weniger Arbeiterkinder das Abitur schaffen, als Zöglinge aus Akademikerhaushalten. Solche Unterschiede können wir uns nicht leisten. Unser wichtigster Rohstoff in globalisierten Zeiten ist Wissen. Diesen Schatz müssen die Politiker besser fördern.

Andreas Hoffmann, Der Januskopf der Globalisierung, in: Das Parlament Nr. 47, 21.11.2005

Die Vernetzung der Welt – wohin führt der Weg

M 2

Weltkultur
Eine Weltkultur oder Kampf der Kulturen?
Kulturelle Nivellierung oder Fragmentierung?

Global Village
Weltumspannende Kommunikation – neue (demokratische) Freiheiten oder neue Fesseln?

Gewinner und Verlierer
Wie gerecht ist die Verteilung des Wohlstands auf der Welt?

Unsere Welt im 21. Jahrhundert

Weltbinnenmarkt
Globalisierung – Wohlstandsquelle oder Wohlstandsvernichter?
Diskussion über Standorte

Weltrisikogemeinschaft
Umwelt und Sicherheit in einer globalisierten Welt – Wie bewahren wir das Ökosystem Erde?

Weltregelwerk und Weltinnenpolitik
Lässt sich die Globalisierung bändigen?
Was kann Global Governance leisten?

Autorengrafik

Halbierte Armut – aber nicht für alle

M 3

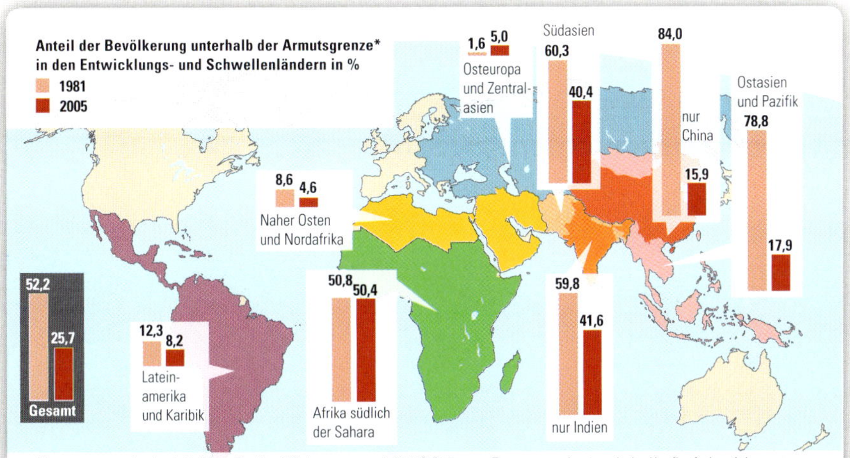

Anteil der Bevölkerung unterhalb der Armutsgrenze* in den Entwicklungs- und Schwellenländern in %
1981
2005
1,6 5,0
Osteuropa und Zentralasien
Südasien
60,3
40,4
84,0
nur China
15,9
Ostasien und Pazifik
78,8
17,9
8,6 4,6
Naher Osten und Nordafrika
52,2
25,7
Gesamt
12,3 8,2
Lateinamerika und Karibik
50,8 50,4
Afrika südlich der Sahara
59,8
41,6
nur Indien

*Armutsgrenze: durchschnittliches Pro-Kopf-Einkommen von 1,25 US-Dollar pro Tag; umgerechnet nach der Kaufkraft der einbezogenen Landeswährungen im Vergleich zu den USA für das Jahr 2005 (PPP - Purchasing Power Parity, internationale Kaufkraftparität), Abgrenzung der Regionen nach Definition der Weltbank

Globus-Grafik 2320, Quelle: Weltbank

Aufgaben

1. Globalisierung hat verschiedene Dimensionen: Umwelt, Kultur, Gesellschaft, Wirtschaft, Politik. Finden Sie zu allen Bereichen Beispiele, die mit dem Stichwort Globalisierung zu beschreiben sind.
2. Diskutieren Sie in arbeitsteiliger Gruppenarbeit die in M 2 aufgeworfenen Fragen zum Thema Globalisierung.
3. Ermitteln Sie mit Hilfe der Grafiken auf den Seiten 94 und 97, M 3, wichtige Auswirkungen der Globalisierung.

2.2 Klimapolitik und Global Governance

M4 Der Klimawandel – ein globales Problem, das uns alle betrifft

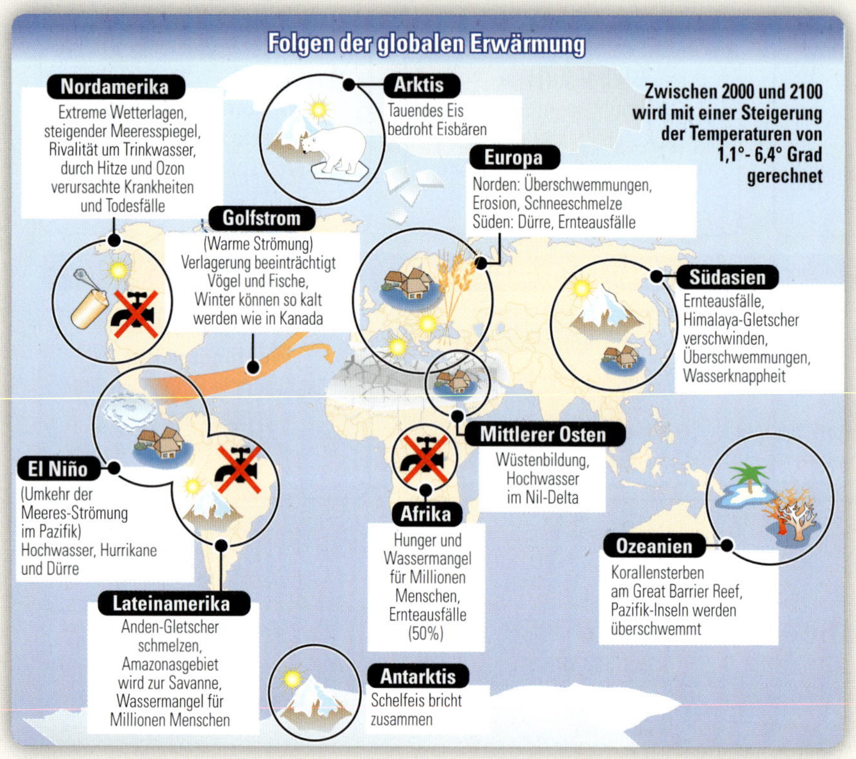
Folgen der globalen Erwärmung
Nordamerika
Extreme Wetterlagen, steigender Meeresspiegel, Rivalität um Trinkwasser, durch Hitze und Ozon verursachte Krankheiten und Todesfälle
Arktis
Tauendes Eis bedroht Eisbären
Zwischen 2000 und 2100 wird mit einer Steigerung der Temperatur von 1,1°- 6,4° Grad gerechnet
Europa
Norden: Überschwemmungen, Erosion, Schneeschmelze
Süden: Dürre, Ernteausfälle
Golfstrom
(Warme Strömung) Verlagerung beeinträchtigt Vögel und Fische, Winter können so kalt werden wie in Kanada
Südasien
Ernteausfälle, Himalaya-Gletscher verschwinden, Überschwemmungen, Wasserknappheit
Mittlerer Osten
Wüstenbildung, Hochwasser im Nil-Delta
El Niño
(Umkehr der Meeres-Strömung im Pazifik) Hochwasser, Hurrikane und Dürre
Afrika
Hunger und Wassermangel für Millionen Menschen, Ernteausfälle (50%)
Ozeanien
Korallensterben am Great Barrier Reef, Pazifik-Inseln werden überschwemmt
Lateinamerika
Anden-Gletscher schmelzen, Amazonasgebiet wird zur Savanne, Wassermangel für Millionen Menschen
Antarktis
Schelfeis bricht zusammen

AFP 20080330-DE04
Quelle: IPCC / CEA

M5 Klimaschutz – viele Akteure, unterschiedliche Interessen

USA verzichten auf Emissionshandel

Ein weitreichendes Klimaschutzprogramm nach europäischem Vorbild wird es in den USA nicht mehr geben. Ein entsprechender Gesetzentwurf, der das Repräsentantenhaus bereits im vergangenen Jahr passierte und einen Emissionshandel auf breiter Basis vorsieht, hat im Senat nur wenige Monate vor der Kongresswahl im Herbst keine Chance mehr. … Klimaschutz-Skeptiker hatten in den letzten Wochen deutlich Oberwasser gewonnen. Sie hatten gewarnt, dass Klimaschutzmaßnahmen die Wirtschaft und Konsumenten in Zeiten der Krise zusätzlich belasten würden. … Interessant sind in diesem Zusammenhang auch zwei Ergebnisse einer repräsentativen Umfrage … Danach sind 42 Prozent der Amerikaner überzeugt, dass Klimaschutzmaßnahmen der wirtschaftlichen Entwicklung schaden. Und für eine deutliche Mehrheit ist die Sicherung der Energieversorgung der USA wichtiger als der Klimaschutz.

Reymer Klüver, in: Süddeutsche Zeitung Nr. 51, 3.3.2010, S. 7

Saudi-Arabien am Pranger

Bangkok. Saudi-Arabien blockiert nach Auffassung von Umweltschützern einen ehrgeizigen Klimaschutzvertrag, um seine Ölindustrie zu retten. Diesen Vorwurf erhoben die libanesische Organisation IndyACT und Germanwatch am Donnerstag bei den UN-Klimaverhandlungen in Bangkok.

www.fr-online.de/in_und_ausland/politik/aktuell/?em_cnt=1999533&

GREENPEACE BESETZT SIEGESSÄULE IN BERLIN

Demonstranten der Umweltschutzorganisation Greenpeace haben am Freitagvormittag die Siegessäule in Berlin besetzt. Sie wollten von der neuen Bundesregierung mehr Einsatz für den Klimaschutz fordern.

www.infranken.de/nc/nachrichten/lokales/artikelansicht/article/greenpeace-bestzt-siegessaeule-in-berlin-36920.html

Ökobranche: Erneuerbare Energie kann Anteil bis 2020 verdreifachen

Bundesregierung für niedrige Ausbauziele kritisiert

Berlin – Die Ökoenergie-Branche will ihren Anteil an der deutschen Energieversorgung von knapp zehn Prozent bis 2020 auf etwa 28 Prozent fast verdreifachen. Voraussetzung sei, dass die richtigen Weichen auch in den Bereichen Verkehr und Wärme gestellt werden, erklärte der Bundesverband Erneuerbare Energie (BEE).

www.welt.de/die-welt/wirtschaft/article4864536/Oekobranche-Erneuerbare-Energie-kann-Anteil-bis-2020-verdreifachen.html

EU-Parlament streitet erneut um Glühbirnen-Verbot

Im Europa-Parlament gibt es Widerstände gegen das geplante EU-Verbot von Glühbirnen. Im Dezember 2008 hatte ein Experten-Gremium beschlossen, die Glühbirnen zur Entlastung der Umwelt ab dem 1. September schrittweise vom Markt zu nehmen und bis 2012 komplett durch Energiesparbirnen zu ersetzen. Doch jetzt wollen zahlreiche Abgeordnete diese Einigung nicht mehr mittragen. Vor allem Europaskeptiker, aber auch Vertreter der Konservativen und Liberalen befürchten ein „Ökodiktat" und eine Bevormundung der Verbraucher.

Das Parlament Nr. 08 vom 16.02.2009

OLYMPIA-BEWERBER

München setzt aufs Klima

Beim Kampf um die Olympischen Winterspiele 2018 will München mit einem ambitionierten Umweltkonzept als Herzstück seiner Bewerbung punkten. „Wir haben alle Chancen, die IOC-Mitglieder zu überzeugen, und als Herzstück gehört die ökologische Ausrichtung dazu", sagte Michael Vesper, Generaldirektor des Deutschen Olympischen Sportbundes (DOSB).

www.fr-online.de/in_und_ausland/sport/aktuell/?em_cnt=2003305&

EU verschiebt Streit zu Weltklimaverhandlungen

Luxemburg (dpa) Wenige Wochen vor dem Weltklimagipfel im Dezember in Kopenhagen fährt die Europäische Union einen Verzögerungskurs. Eine Gruppe osteuropäischer Länder um Polen blockierte auf einem zweitägigen Ministertreffen in Luxemburg eine Einigung in wichtigen Streitfragen. Dazu zählt neben der Finanzierung von Klimamaßnahmen in den Entwicklungsländern die Frage, wie mit unverbrauchten, milliardenschweren Verschmutzungsrechten umgegangen wird.

www.donaukurier.de/nachrichten/politik/brennpunkte/EU-Finanzminister-EU-verschiebt-Streit-zu-Weltklimaverhandlungen;art178,2194518#

Funktionsweise des Emissionshandels

Info

Die Grundidee des Emissionsrechtehandels besteht darin, einen Markt für Verschmutzungsrechte einzurichten. Umweltpolitisch besonders effizient ist die Tatsache, dass die Politik dabei eine konkrete Obergrenze der Gesamtemissionen vorgeben kann. Diese Obergrenze für bestimmte Emissionen (z. B. Kohlendioxid, Schwefeldioxid, Stickoxid) wird innerhalb eines konkreten Gebiets (regional, national, international) und eines konkreten Zeitraums festgelegt. Dann wird eine entsprechende Anzahl sogenannter Umweltzertifikate ausgegeben, die zur Emission einer bestimmten Menge berechtigen. Da diese Zertifikate frei handelbar sind, wird der Preis durch die Nachfrage bestimmt.

nach: de.wikipedia.org/wiki/Emissionsrechtehandel

M6 Die internationale Klimapolitik sucht nach Lösungen

Die internationale Klimapolitik hat in den vergangenen zwanzig Jahren rasant an Bedeutung gewonnen. Wie kaum ein anderes Thema bestimmt sie zunehmend die politische Bühne, aber auch das Wirtschaftsleben und die Zivilgesellschaft. …
So verwundert es nicht, dass die jährlich stattfindenden Klimakonferenzen immer größere Teilnehmerzahlen zu verbuchen haben und eine immer größere Medienaufmerksamkeit erzielen. Was aus politischen Kontroversen auf nationalstaatlicher Ebene bekannt ist, setzt sich auf der internationalen Bühne fort: Ein interessengeleitetes oftmals zähes Ringen um die Ausgestaltung der (internationalen) Klimapolitik, die von einer überschaubaren Anzahl von langfristigen Grundpositionen und Ländergruppen geprägt wird. ...

a) Der UNFCCC[1]-Prozess

Innerhalb des UNFCCC-Prozesses sind es Delegationen der Nationalstaaten, die die Verhandlungen um die Ausgestaltung der Klimapolitik führen. Staaten treten teilweise nicht nur als nationaler Akteur auf, sondern bilden (Interessens)Gruppen, die mit gemeinsamen Positionen in die Verhandlungen gehen. …
Die Verhandlungspositionen der Staaten basieren auf den grundsätzlichen (außen)politischen Leitlinien, wirtschaftlichen Interessen, der Abhängigkeit von fossilen Brennstoffen und der finanziellen Situation ihres Landes bzw. der Staatengemeinschaft sowie der Betroffenheit durch den Klimawandel. Daneben werden diese Positionen aber auch beeinflusst durch die wissenschaftlichen Ergebnisse des IPCC, die Eingang in die politische Meinungsbildung finden. Durch die Teilnahme von 192 Vertragsstaaten, die die Klimarahmenkonvention der Vereinten Nationen (UNFCCC) bzw. 175 Vertragsstaaten, die das Kyoto-Protokoll unterzeichnet haben, sind die jährlich stattfindenden Conference of the Parties/ Meeting of the Parties COP/MOPs durch viele oftmals divergierende Interessen und Positionen geprägt. …

b) Die Rolle der Entwicklungs- und Schwellenländer

Die sogenannten Entwicklungsländer sind keine homogene Gruppe. … Staaten mit sehr unterschiedlicher wirtschaftlicher Entwicklung und unterschiedlichen Rohstoffvorkommen werden gemeinhin unter diesem Begriff zusammengefasst. Bei den internationalen Klimaverhandlungen [unterteilen sie] sich … oftmals in vier Gruppen von Entwicklungsländern: Die Schwellenländer, die erdölexportierenden Staaten (OPEC), die Alliance of Small Island States (AOSIS) und die Least Developed Countries (LDCs).
Die Schwellenländer sind Staaten wie China, Indien oder Brasilien, die durch einen langjährigen wirtschaftlichen Aufschwung und damit verbundene hohe wirtschaftliche Wachstumsraten geprägt sind. Diese Entwicklung schlägt sich aber ebenfalls in steigenden Treibhausgasemissionen nieder; so steht China neben den USA an der Spitze der Treibhausgas-Emittenten. …
Bei den Schwellenländern spielt die Sorge um die Gefährdung des weiteren wirtschaftlichen Aufschwungs durch verpflichtende Reduktionsziele eine bedeutende Rolle. …

c) IGOs und NGOs

Die beeindruckenden Teilnehmerzahlen bei den jährlich stattfindenden Klimaverhandlungen – zuletzt waren es 11.000 Teilnehmer bei der Konferenz auf Bali – erklären sich nicht nur aus der Größe der Regierungsdelegationenen, auch andere Teilnehmer sind hier anzutreffen.
Die Klimaverhandlungen sind Regierungskonferenzen, daher sitzen IGOs (Intergovernmental Organizations) und NGOs (Non-Governmental Organizations) nicht mit am Verhandlungstisch. Sie haben zunächst einmal einen Beobachterstatus. Daneben betreiben sie aber auch aktive Lobbyarbeit durch Bereitstellung von Informationen und fachlicher Beratung für die Politiker und sie informieren die Presse über die Verhandlungen. Nicht zuletzt fallen vor allem Greenpeace und andere Organisationen durch ihre spektakulären Aktionen auf, mit Hilfe derer sie auf die Klimaproblematik aufmerksam machen. Daneben besteht die Möglichkeit, über so genannte Side Events oder in Nebengesprächen mit Delegationsvertretern Positionen darzustellen … .
Die Gruppe der NGOs ist auf der einen Seite sehr heterogen; ihr gehören u.a. Umweltschutzorganisationen (beispielsweise WWF oder Greenpeace), wissenschaftliche Organisationen, Wirtschaftsverbände, der Weltwirtschaftsrat für Nachhaltige Entwicklung oder Rückversicherer an. Auf der

anderen Seite hat sich in den vergangenen Jahren ein gut koordiniertes Netzwerk der Umweltorganisationen entwickelt: 1989 wurde das Climate Action Network (CAN) gegründet; heute gehören diesem Netzwerk 365 Mitgliedsorganisationen an. ...

d) Wirtschaftsverbände

Ebenso anwesend bei den Klimakonferenzen sind Wirtschaftsverbände. Sie vereinen zahlreiche Interessen, denn neben den klassischen Industrieunternehmen, die sich durch verpflichtende nationale Zusagen in ihrem wirtschaftlichen Handeln beschränkt sehen, gibt es inzwischen auch eine Reihe von Unternehmen, die dem Klimaschutz durchaus etwas Positives abgewinnen können. Hier seien exemplarisch die Anbieter energieeffizienter Geräte sowie Hersteller von Solar- und Windkraftanlagen genannt. Doch auch andere Unternehmen sehen sich inzwischen in der Verantwortung und werben mit einem klimafreundlichen Image. Die flexible Ausgestaltung von Klimaverpflichtungen in Form der Kyoto-Mechanismen hat einige Unternehmen zu Gewinnern der Klimaschutzanstrengungen werden lassen.

Dagmar Kiyar, Internationale Klimapolitik. Ein komplexes Feld mit vielschichtigen Akteuren. (2. März 2009) www1.bpb.de/themen/6N9GLL,1,0,Internationale_Klimapolitik.html

[1] United Nations Framework Convention on Climate Change

Kyoto-Protokoll

Info

Das Kyoto-Protokoll ist ein Klimaschutzabkommen, welches 1997 auf dem Weltklimagipfel in Kyoto (Japan) von zunächst 158 Staaten beschlossen wurde. Ziel ist die Reduktion der Treibhausgas-Emissionen bis 2012, um die globale Klimaerwärmung abzubremsen. Die Ratifizierung des Protokolls zog sich in Folge zäher Verhandlungen der Vertragsstaaten über weitere Details des Abkommens hin, so dass das Kyoto-Protokoll erst im Februar 2005 völkerrechtlich verbindlich in Kraft treten konnte.
Auf jährlich stattfindenden Klimakonferenzen (z. B. Dezember 2009 in Kopenhagen) wird unter den Vertragsstaaten eine weitere Reduktion des CO_2-Ausstoßes ausgehandelt.

Klimapolitik als Mehrebenenpolitik

M 7

Ebene	Akteure und Aktionen – Beispiele	
	governmental (staatlich)	nongovernmental (nicht staatlich)
International	UN-Klimakonferenzen (UNFCCC-Prozess), Kyoto-Protokoll, G8-Energie-und Umweltministertreffen, EU-Klimaschutzprogramm (EU-Emissionshandel, EMAS), Deutsch-Chinesische Klimapartnerschaft	Greenpeace, WWF, Attac, Climate Action Network, Friends of the Earth, Project Desertec
National-staatlich	Nationales Klimaschutzprogramm der Bundesregierung (Förderprogramme für erneuerbare Energien, Energieeffizienz, Ökosteuer, CO_2-Minderungsprogramme)	Kampagnen der Umweltverbände, z. B. „Klima sucht Schutz“
Subnational	(Länder, Kommunen, Verwaltung) Klimastädtepartnerschaften Lokale Agenda 21-Programme Projekt Umweltschule Energie-Pass für Gebäude	Konsumverhalten privater Haushalte

M 8 Beispiel Wirtschaft: Strom aus der Sahara – eine Vision?

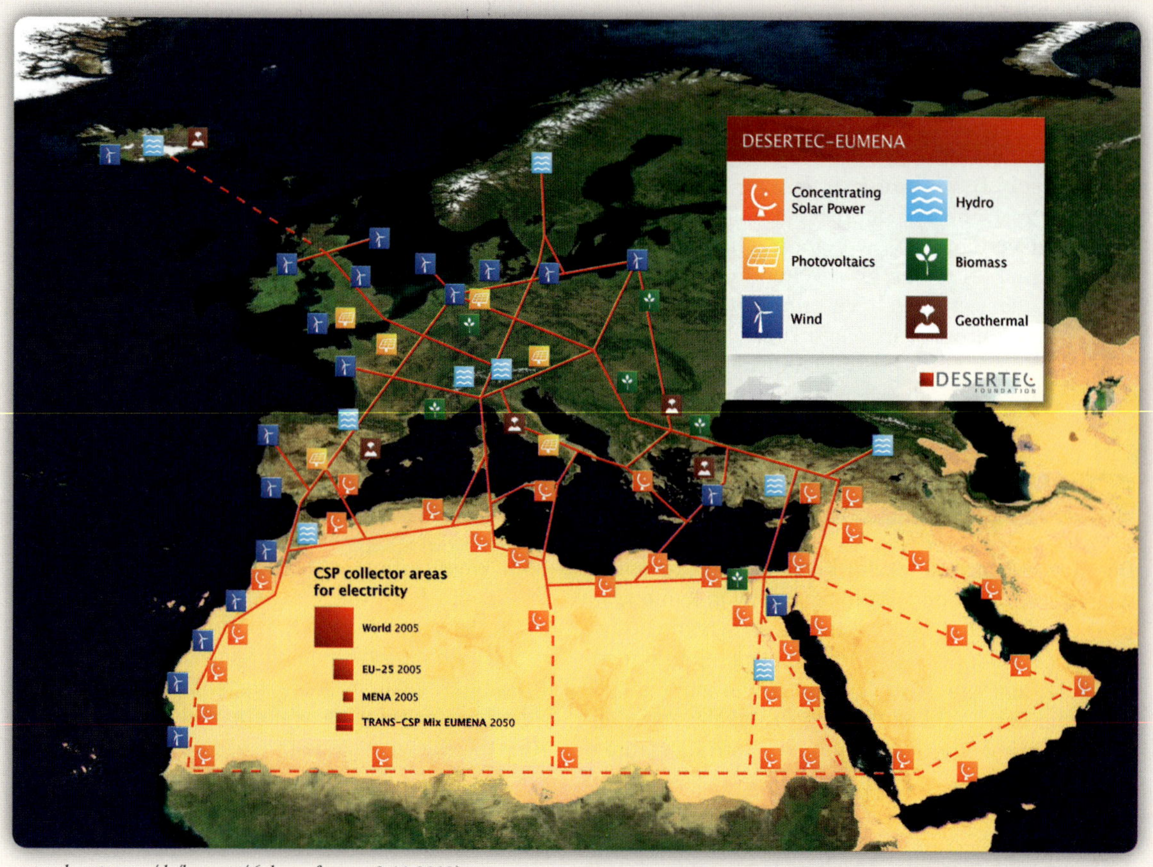
DESERTEC-EUMENA
Concentrating Solar Power
Hydro
Photovoltaics
Biomass
Wind
Geothermal
DESERTEC
CSP collector areas for electricity
World 2005
EU-25 2005
MENA 2005
TRANS-CSP Mix EUMENA 2050

www.desertec.org/de/konzept/ (abgerufen am 2.11.2009)

Lange Zeit war die Stromgewinnung aus der afrikanischen Wüste vor allem eines: ein schöner Traum davon, die Energie der Sahara-Sonne zu bündeln und sie über tausend Kilometer lange Leistungen nach Europa zu bringen. Das änderte sich, als im Sommer Großkonzerne wie die Münchner Rück und Siemens in München ihre Pläne für das Projekt Desertec vorstellten. Plötzlich war das Thema, das jahrelang von vielen belächelt wurde, in der Industrie angekommen. Die beteiligten Unternehmen ahnten, dass sie mit Desertec viel gewinnen können: Wirtschaftlich sowieso, aber auch beim Image.

Mit der Gründung der Desertec-Planungsgesellschaft ist die Zeit der Träume nun endgültig vorbei. In den nächsten fünf, zehn, ja 40 Jahren wird es um knallharte Politik gehen. Um viel Geld und die Frage, wer es wann zahlt; um technologisch wichtige Komponenten und Anlagen sowie die Frage, wer von den beteiligten Unternehmen sie liefern darf und wer nicht. Und es werden politische Kompromisse nötig sein, um alle beteiligten Staaten – vor allem die im Norden Afrikas – mit einzubeziehen. …

Noch nie wurde ein Projekt dieser Größenordnung auf den Weg gebracht. Mit so vielen unterschiedlichen Konzernen, Ländern mit verschiedenen Kulturen und Kosten von mindestens 400 Milliarden Euro. Ein Problem ist, dass es in der Vergangenheit noch nichts Vergleichbares gegeben hat, das man sich heute anschauen könnte, um daraus Lehren für die Gegenwart zu ziehen. Sollte man deshalb schwarzsehen? Nein, denn der Einsatz lohnt sich. Die Idee, dass in einigen Jahren ein großer Teil unserer Stromversorgung aus der Sahara kommt, ist zu verlockend, um das Wagnis nicht einzugehen.

Thomas Fromm, Mehr als nur ein Traum, in: Süddeutsche Zeitung Nr. 251, 31.10./1.11. 2009, S. 23

Beispiel lokale Klimapolitik: Ein Dorf will autark werden

M 9

Auf den ersten Blick wirkt Ascha bei Straubing wie viele kleine Orte in Niederbayern: friedlich und idyllisch. Doch die Aschinger sind eigensinnig. Sie wollen ihre Energie zu hundert Prozent selbst herstellen – aus regenerativen Quellen. …

Ihre Energie soll entweder selbst produziert oder von regionalen Kleinanbietern bezogen werden und zu hundert Prozent aus regenerativen Quellen stammen. Bereits in rund fünf Jahren möchte Ascha von fossilen Brennstoffen unabhängig sein …

Seit 1995 gibt es in Ascha eine Biomasseheizanlage. Die Hackschnitzel für die Anlage stammen aus landwirtschaftlichen Abfällen und dem benachbarten Wald. Ein Teil wird von einem regionalen Anbieter zugekauft. Schon jetzt versorgt die Anlage Rathaus, Schule, Kirche, aber auch einige Geschäfte und Privathäuser mit Nahwärme. Insgesamt rund die Hälfte der Ortschaft.

Seit Dezember 2008 gibt es außerdem im Gemeinde-Ortsteil Au eine 900 KW Solarstromanlage. Der Aschinger Bürger Franz Berl hat es gewagt und die 4,3 Millionen Euro teure Anlage gebaut. Moderne drehbare Tracker der Photovoltaik-Freilandanlage erzeugen auf einer Fläche von etwa drei Hektar reinsten Sonnen-Strom. Bereits in etwa zehn Jahren könnte sich der Solarpark durch die Einspeisevergütung amortisiert haben, rechnet der Betreiber. Zusammen mit einer örtlichen Biogasanlage erzeugt der Solarpark heute rund 88 Prozent des Strombedarfs von Ascha.

Viele Bürger haben außerdem – neben Sonnenkollektoren zur Warmwasserbereitung – schon ihre private Fotovoltaikanlage zur Stromgewinnung auf dem Dach. Und die Gemeinde tut viel, um Anreize zu schaffen – für Investitionen ebenso wie fürs Sparen. 1.000 Euro stiftet sie dem, der am meisten Strom spart. Beim diesjährigen Energiesparpreis der Gemeinde haben 80 Haushalte teilgenommen und gezeigt, dass Einsparungen von 1.300 KW kein Kunststück sind.

Auch die kleinsten Mitbürger werden zum Klimaschutz erzogen: Die Heizung beim Lüften abdrehen, die Computer nach der Schulstunde vom Netz nehmen, das lernt in Ascha jedes Kind. Das Umweltbewusstsein lohnt sich: Die Hälfte der eingesparten Energiekosten bekommen die kleinen Klimaschützer am Ende des Jahres bar auf die Hand …

In punkto Strom hat es Ascha bereits geschafft: Hier wird mehr Strom produziert als verbraucht wird. …

Die kleine Gemeinde aus Niederbayern hat es allen gezeigt: Mit Idealismus und Gemeinsinn erreicht man seine Ziele. Sie wurde dafür auch mehrmals ausgezeichnet: Als Klimaschutz-Kommune 2006 von der Deutschen Umwelthilfe, mit dem Umweltpreis der Bayerischen Landesstiftung 2007 und mit dem Europäischen Dorferneuerungspreis 2008.

Im Sommer [2009] wird Ascha nun auch der European Energy Award in Gold verliehen – der europäische Energie-Oskar für das beste Konzept, die beste Umsetzung und das beste Team!

Barbara Fuß, Lokale Klimapolitik: Ein Dorf will autark werden www.br-online.de/bayerisches-fernsehen/unkraut/unkraut-energie-und-umwelt-energieautarkes-dorf-ID1235834601425.xml (abgerufen am 16.10.2009)

Aufgaben

1. Verschaffen Sie sich mit Hilfe von M 5 einen Überblick über Akteure, die im politischen Handlungsfeld „Klimapolitik“ aktiv sind. Ergänzen Sie Ihre Übersicht durch weitere eigene Beispiele.
2. Erstellen Sie eine Mindmap über die Interessen ausgewählter Akteure im Bereich „Klimapolitik“.
3. Erörtern Sie in arbeitsteiliger Gruppenarbeit die Möglichkeiten und Grenzen staatlicher (M 6), nichtstaatlicher (M 6), privatwirtschaftlicher (M 8) und lokaler (M 9) Klimapolitik.

M 10 Global Governance – auf dem Weg zur Lösung globaler Probleme?

Ein Ausgangspunkt der Überlegungen zu Global Governance ist, dass aufgrund der gestiegenen Interdependenz zwischen Staaten – verursacht durch die zunehmend grenzüberschreitenden Auswirkungen v. a. wirtschaftlichen Handelns – viele Probleme nicht mehr im nationalstaatlichen Alleingang gelöst werden können. So können sowohl Verursacher als auch Betroffene von problematischen grenzüberschreitenden Effekten in einem anderen Staat angesiedelt sein, wie etwa im Falle der Verschmutzung eines grenzüberschreitenden Flusses oder von regionalen Wirtschaftskrisen. Ebenso kann ein Staat allein bestimmte öffentliche Güter nicht ausreichend zur Verfügung stellen (etwa im Falle der Armutsbekämpfung, wenn ihm dazu die Ressourcen fehlen) bzw. diese nicht effektiv vor Übernutzung und Zerstörung schützen (etwa im Falle des Schutzes der Ozonschicht). …

Das Konzept Global Governance wendet sich gegen die Idee einer zentralen Weltregierung oder eines hierarchischen Weltstaats. Vielmehr ist eine institutionelle Architektur angedacht, die an das anknüpft, was Kant eine „Föderation von freien Republiken“ nannte: ein dezentrales, subsidiäres und föderatives System. Es geht also darum, eine multilaterale Kooperationskultur zu institutionalisieren, um gemeinsam mit anderen Betroffenen die oben angesprochenen Probleme lösen zu können.

Global Governance weist dabei dem Nationalstaat neue Aufgaben im Rahmen einer Mehr-Ebenen-Architektur zu: Zwar verfügen Staaten noch allein über das Gewaltmonopol und auch nur Staaten können Völkerrecht setzen, aber sie müssen sich zunehmend mit „geteilten Souveränitäten“ in tendenziell entgrenzten Kooperations- und Integrationsräumen abfinden. Grenzüberschreitende Probleme können am besten in verflochtenen Mehrebenensystemen bearbeitet werden, in denen Nationalstaaten zwar eine wichtige Scharnierrolle übernehmen, jedoch Kompetenzen „nach oben“ (inter- und supranationale Ebenen) und „nach unten“ (lokale und regionale Politik) abgeben. Im Sinne des Subsidiaritätsprinzips ist es sinnvoll, Problemlösungen auf der Ebene zu suchen und institutionell anzusiedeln, die sachlich und organisatorisch angemessen ist und auf der das Problem daher möglichst effizient und demokratisch zu lösen ist – sei es auf lokaler, nationaler, regionaler oder globaler Ebene. Im Zuge einer „postnationalen Konstellation“ findet Regieren zunehmend durch das Zusammenspiel verschiedener Entscheidungsebenen statt, wobei die einzelnen Ebenen nicht mehr ohne die anderen voll funktionsfähig sind.

Global Governance meint nicht das Ende des Nationalstaates. Im Gegenteil: Ziel aller zwischenstaatlichen Kooperation ist es, dass Staaten für die Bearbeitung globaler Probleme Handlungsfähigkeit zurückgewinnen sollen.

Schlussbericht der Enquete-Kommission des Deutschen Bundestages 2002
www.bundestag.de/gremien/welt/glob_end/n0.html (abgerufen am 20.10.2009)

Aufgaben

1. Erklären Sie, was man unter dem Konzept Global Governance versteht (M 11). Gehen Sie dabei auch auf die künftige Rolle der Nationalstaaten ein.
2. Erstellen Sie eine Übersicht über Politikfelder, in denen Ihnen Global Governance notwendig erscheint.
3. Setzen Sie sich mit der Notwendigkeit, aber auch der Problematik von Global Governance am Beispiel „Klimapolitik“ (M 5 – M 11) auseinander.
4. Recherchieren Sie und stellen Sie Ansätze und Bemühungen um Global Governance an einem weiteren globalen Politikfeld vor (z. B. Internationaler Terrorismus, Migration, Finanzmarkt- bzw. Wirtschaftskrise).

Fehler vermeiden – Aufgaben clever lösen

So schöpfen Sie Ihr Potenzial im Abitur voll aus

Die Abituraufgaben enthalten in der Regel keine besonderen Fallstricke. Sie verlangen aber von Ihnen, dass Sie ein fachwissenschaftliches Thema kompetent analysieren und bewerten können.
Dazu müssen Sie
- Sachwissen parat haben (gute Dienste können dabei die Themeneinführungen zu Beginn jedes Kapitels in diesem Buch leisten),
- zeigen, wie Sie mit diesem Wissen umgehen können,
- selbstständig Zusammenhänge herstellen,
- Materialen (Texte, Statistiken, Fotos usw.) angemessen auswerten können,
- auf der Grundlage von Sachkenntnissen und Materialien gut begründete Positionen beziehen und
- bei der sprachlichen Darstellung auf Verständlichkeit, Fachsprache, Klarheit und sprachliche Richtigkeit achten.

Die Anforderungen sind also – wie in anderen Fächern auch – ziemlich komplex. Nicht immer setzen Schülerinnen und Schüler die in ein Fach investierte Zeit und Kraft optimal um. Das wäre sehr schade! Die Ursachen liegen oft in unüberlegten Verhaltens- und Vorgehensweisen. Dieses Kapitel gibt Ihnen Tipps, wie Sie solche „Stolpersteine“ umgehen können.

Stolperstein 1: die Aufgabenstellung

„Erläutern Sie ..., entwickeln Sie ..., ermitteln Sie ..., setzen Sie sich mit ... auseinander, diskutieren Sie ..., erarbeiten Sie aus dem Text ... , erarbeiten Sie vom Text ausgehend ...
Das ist doch alles recht ähnlich, ich schreibe jetzt hin, was mir dazu einfällt."

Das wäre Unsinn!
Das schnelle Überfliegen der Aufgaben und Fragen und der hastige Griff zum Stift sind gefährliche Verhaltensweisen zu Prüfungsbeginn. Die Aufgaben werden mit viel Überlegung und Bedacht formuliert. Sie zielen auf unterschiedliche Anforderungsbereiche und Kompetenzen. Der Qualität Ihrer Antwort kommt es zugute, wenn Sie an die Aufgabe systematisch und mit Ruhe herangehen.

Tipp

Die Aufgabe zuerst entschlüsseln!

Sie werden zunächst die Aufgabe sorgfältig lesen und dabei „entschlüsseln". Markieren Sie die **Schlüsselwörter** in der Aufgabe! Worauf zielt sie präzise ab? Geht es „nur" um Basiswissen? Soll ich zeigen, dass ich mit Materialien umgehen kann? Oder dass ich Vorschläge zur Lösung eines Problems liefern kann? Oder soll ich etwas begründet und vielleicht werteorientiert beurteilen? Was will die Aufgabe genau von mir?
Dazu ist es gut zu wissen, was die Formulierungen bedeuten und auf welche **Anforderungsebenen** sie abzielen. Das Aufgabenspektrum umfasst drei Schwierigkeitsstufen. Der Anforderungsbereich II (Anwenden, Verknüpfen, „Reorganisieren") kann dabei den Anforderungsbereich I (Wiedergabe von Fachwissen, „Reproduktion") einbeziehen, für eine Antwort im Bereich III (Beurteilen, Problemlösen, „Reflexion") braucht man ggf. auch Elemente aus den Bereichen I und II.
Den Anforderungsbereichen entsprechen in der Regel die sogenannten **Operatoren**. Das sind handlungsinitiierende Verben, also Aufforderungen, die deutlich machen, welche Fähigkeiten beim Bearbeiten von Prüfungsaufgaben erwartet werden. Bei der Korrektur und Bewertung wird mithin die rechte Spalte in der folgenden Aufstellung wichtiges Kriterium sein.

Operatoren, die Leistungen im Anforderungsbereich I (Reproduktion) verlangen:	
aufzählen **nennen** **wiedergeben** **zusammenfassen**	Kenntnisse (Fachbegriffe, Daten, Fakten, Modelle) und Aussagen in komprimierter Form unkommentiert darstellen
benennen **bezeichnen**	Sachverhalte, Strukturen und Prozesse begrifflich präzise aufführen
beschreiben **darlegen** **darstellen**	Wesentliche Aspekte eines Sachverhaltes im logischen Zusammenhang unter Verwendung der Fachsprache wiedergeben

Operatoren, die Leistungen im Anforderungsbereich II (Reorganisation und Transfer) verlangen:	
analysieren	Materialien oder Sachverhalte kriterienorientiert oder aspektgeleitet erschließen, in systematische Zusammenhänge einordnen und Hintergründe und Beziehungen herausarbeiten
auswerten	Daten oder Einzelergebnisse zu einer abschließenden Gesamtaussage zusammenführen
charakterisieren	Sachverhalte in ihren Eigenarten beschreiben und diese dann unter einem bestimmten Gesichtspunkt zusammenführen
einordnen	Eine Position zuordnen oder einen Sachverhalt in einen Zusammenhang stellen
erklären	Sachverhalte durch Wissen und Einsichten in einen Zusammenhang (Theorie, Modell, Regel, Gesetz, Funktionszusammenhang) einordnen und deuten
erläutern	Wie erklären, aber durch zusätzliche Informationen und Beispiele verdeutlichen
herausarbeiten **ermitteln** **erschließen**	Aus Materialien bestimmte Sachverhalte herausfinden, auch wenn sie nicht explizit genannt werden, und Zusammenhänge zwischen ihnen herstellen
interpretieren	Sinnzusammenhänge aus Materialien erschließen
vergleichen	Sachverhalte gegenüberstellen, um Gemeinsamkeiten, Ähnlichkeiten und Unterschiede herauszufinden
widerlegen	Argumente anführen, dass Daten, eine Behauptung, ein Konzept oder eine Position nicht haltbar sind

Operatoren, die Leistungen im Anforderungsbereich III (Reflexion und Problemlösung) verlangen:	
begründen	Zu einem Sachverhalt komplexe Grundgedanken unter dem Aspekt der Kausalität argumentativ und schlüssig entwickeln
beurteilen	Den Stellenwert von Sachverhalten oder Prozessen in einem Zusammenhang bestimmen, um kriterienorientiert zu einem begründeten Sachurteil zu gelangen
bewerten **Stellung nehmen**	Wie beurteilen, aber zusätzlich mit Reflexion individueller und politischer Wertmaßstäbe die Pluralität gewährleisten und zu einem begründeten eigenen Werturteil führen
entwerfen	Ein Konzept in seinen wesentlichen Zügen erstellen
entwickeln	Zu einem Sachverhalt oder zu einer Problemstellung ein konkretes Lösungsmodell, eine Gegenposition, ein Lösungskonzept oder einen Regelungsentwurf begründend skizzieren
erörtern	Zu einer vorgegebenen Problemstellung eine reflektierte, kontroverse Auseinandersetzung führen und zu einer abschließenden, begründeten Bewertung gelangen

Operatoren, die Leistungen im Anforderungsbereich III (Reflexion und Problemlösung) verlangen:	
begründen	Zu einem Sachverhalt komplexe Grundgedanken unter dem Aspekt der Kausalität argumentativ und schlüssig entwickeln
beurteilen	Den Stellenwert von Sachverhalten oder Prozessen in einem Zusammenhang bestimmen, um kriterienorientiert zu einem begründeten Sachurteil zu gelangen
bewerten **Stellung nehmen**	Wie beurteilen, aber zusätzlich mit Reflexion individueller und politischer Wertmaßstäbe die Pluralität gewährleisten und zu einem begründeten eigenen Werturteil führen
entwerfen	Ein Konzept in seinen wesentlichen Zügen erstellen
entwickeln	Zu einem Sachverhalt oder zu einer Problemstellung ein konkretes Lösungsmodell, eine Gegenposition, ein Lösungskonzept oder einen Regelungsentwurf begründend skizzieren
erörtern	Zu einer vorgegebenen Problemstellung eine reflektierte, kontroverse Auseinandersetzung führen und zu einer abschließenden, begründeten Bewertung gelangen
erwägen	Prüfend überlegen, in Betracht ziehen, mögliche Positionen gegeneinander abwägen, mit Begründungen bzw. Sachkenntnis unterlegen
gestalten	Produktorientierte Bearbeitung von Aufgabenstellungen. Dazu zählen unter anderem das Entwerfen von eigenen Reden, Strategien, Beratungsskizzen, Karikaturen, Szenarien, Spots und von anderen medialen Produkten sowie das Entwickeln von eigenen Handlungsvorschlägen und Modellen
problematisieren	Widersprüche herausarbeiten, Positionen oder Theorien begründend hinterfragen
prüfen **überprüfen**	Inhalte, Sachverhalte, Vermutungen oder Hypothesen auf der Grundlage eigener Kenntnisse oder mithilfe zusätzlicher Materialien auf ihre sachliche Richtigkeit bzw. auf ihre innere Logik hin untersuchen
sich auseinander setzen **diskutieren**	Zu einem Sachverhalt, zu einem Konzept, zu einer Problemstellung oder zu einer These etc. eine Argumentation entwickeln, die zu einer begründeten Bewertung führt

Einheitliche Prüfungsanforderungen in der Abiturprüfung Sozialkunde/Politik (i.d.F. vom 17.11.2005), S. 17 f.

Beispiel

Erwägen Sie, inwiefern bildungspolitische Maßnahmen zur Stabilisierung der Demokratie beitragen können! (Abitur Sozialkunde Bayern 2008, Grundkurs)

Antwort Schüler A:

Die folgenden bildungspolitischen Maßnahmen tragen zur Stabilisierung der Demokratie bei:

- Ausgaben für Bildung erhöhen (z. B. kleinere Klassen, mehr Lehrkräfte, bessere Schulen, mehr Ganztagsschulen)
- Förderung von Fächern, die zur Demokratieerziehung beitragen,
- mehr Demokratie an der Schule (z. B. über Abstimmungen in „Vollversammlungen")
- Abschaffung der Studiengebühren (erhöhte Zustimmung bei Studenten und Schülern!)

Mit diesen Maßnahmen würde man die Zustimmung zur Demokratie bei vielen Menschen sicher erhöhen.

Kommentar

Die Antwort sammelt zwar „bildungspolitische Maßnahmen", vernachlässigt aber den eigentlichen Auftrag „Erwägen Sie, inwiefern ...". Der Schüler hat vielleicht subjektiv den Eindruck, er hätte doch dazu eine ganze Menge gewusst. ... Die Aufgabe ist jedoch nur ansatzweise gelöst. Das „Erwägen" ist nämlich bei keiner Maßnahme geleistet.

Der Fehler hätte sich leicht vermeiden lassen, wäre der Schüler systematisch vorgegangen:
Was heißt „Erwägen Sie ..."?
Der „Operator" verlangt, einzelne Maßnahmen daraufhin zu überprüfen, ob und wie sie einen Beitrag zur Stabilisierung der Demokratie leisten. Also ist in mehrere Richtungen hin zu überlegen: Welche Maßnahmen kenne ich? Wie wirken sie sich auf die Stabilisierung der Demokratie aus?

Beispiel

Antwort Schüler B:

Bildungspolitische Maßnahmen von Regierungen auf Bundes- oder Landesebene werden in der Öffentlichkeit immer wieder diskutiert. Ob man damit auch eine Stabilisierung der Demokratie erreicht, muss man im Einzelnen überprüfen:

Eine Maßnahme wäre eine grundsätzliche stärkere finanzielle Ausstattung der Schulen und Universitäten. Wenn mehr Lehrkräfte in kleineren Klassen die Schüler individueller fördern könnten, würde man die Bildungs- und Ausbildungsmöglichkeiten verbessern. Wenn der Einzelne sieht, dass ihm diese Maßnahmen des demokratischen Staates persönlich nutzen und sich dadurch seine Lebenschancen verbessern, wird er vielleicht eine positive Gesamteinstellung zur Demokratie entwickeln. Im Idealfall wird dadurch seine Loyalität zum politischen System gesteigert.

Zweitens wäre eine stärkere politische Bildung in allen Schularten wichtig: Wenn junge Leute in der Schule die „Spielregeln unseres Staates“ besser kennen, werden sie sich auch für die Demokratie stärker interessieren. Wer sich mit Namen, Zusammenhängen und Problemen in Gesellschaft und Politik auseinandersetzt, wird die Strukturen erkennen. Er weiß um die Möglichkeiten der Partizipation und wird sie wahrscheinlich auch stärker nutzen. Auch über Gefährdungen für die Demokratie, z. B. Ziele und Formen von extremistischen Gruppen, sollte man Bescheid wissen. Dann wird man die Vorteile der Demokratie schätzen und sich eher für sie engagieren.

Weitere Maßnahmen könnten eine bessere Durchlässigkeit des Bildungssystems zum Ziel haben. Über Stipendien und bessere Aufklärung über die Bedeutung von Bildungsabschlüssen lässt sich die Chancengleichheit für Kinder aus sozial schwächeren Schichten erhöhen. So kann man die soziale Spaltung in der Gesellschaft verringern und viele Menschen an das demokratische System binden.

Nicht jede Maßnahme wird automatisch auch die Demokratie stabilisieren. Wird sie aber unter diesem Blickwinkel konzipiert, erhöhen sich die Chancen, auch dieses Ziel zu erreichen.

Kommentar

Die Antwort wird der Aufgabenstellung „Erwägen Sie ...“ gut gerecht. Sie nennt bildungspolitische Maßnahmen und versucht dann ihren Beitrag für die Stabilisierung der Demokratie differenziert abzuklären. Anfangs- und Schlussformulierungen geben überdies einen Rahmen, der sich gut auf die Aufgabe bezieht.

Stolperstein 2: das (meist sehr ergiebige) Material ...

„Bei Diagrammen oder Karikaturen kann man doch sofort sehen, worauf es ankommt. Und einen Text oder eine Tabelle überfliege ich mal schnell."

Ziemlich gewagt! Sie gehen ein hohes Risiko ein!
Was Sie bestimmt oft geübt haben, sollte jetzt zuverlässig funktionieren. Auch das Material für Prüfungsaufgaben wird nämlich mit viel Überlegung ausgewählt. Es ist in der Regel besonders aussagekräftig und liefert viele Informationen. Der „schnelle Blick" führt aber nur zu einer oberflächlichen „Erschließung". Wer nicht methodisch vorgeht, zeigt auch, dass er die fachspezifischen Methoden oder allgemeine Arbeitstechniken nicht einsetzen kann.

Das Material mit System erschließen!

Tipp

Zur Erschließung von Materialien haben Sie sich – hoffentlich – im Unterricht angemessene und sorgfältige Vorgehensweisen angeeignet. Meistens geht man dabei in mehreren Schritten und systematisch vor, immer mit Blick auf die Aufgabenstellung. Die Methodenseiten in den Bänden „Politik aktuell" liefern solche Vorschläge. Es kommt jetzt darauf an, dieses Instrumentarium materialorientiert umzusetzen. Zeigen Sie, dass Sie das können!

Achten Sie bei der Analyse einer Statistik, eines Schaubilds oder einer Grafik auf ein schrittweises Vorgehen. Es führt in der Regel zu einer sorgfältigen Analyse. Die Aufgabenstellung lautet z. B. „Verbalisieren Sie ...", „Werten Sie aus ...", „Ermitteln Sie ...", „Interpretieren Sie ..."

Hinweise für das Vorgehen bei der Auswertung einer Statistik oder eines Schaubildes

1. Geben Sie Thema, Titel, Erhebungsart und Quelle der Tabelle oder Grafik an!
   Achten Sie auf Präzisierungen in Fußnoten, Erläuterungen, Jahreszahlen, ggf. Lesehilfen!
2. Beschreiben Sie die Struktur der Tabelle oder des Schaubilds! Achten Sie dabei auf die Einheiten (absolute Zahlen, Prozentangaben, Bezugsgrößen) und auf die Bezeichnung der Zeilen und Spalten! Welche Symbole werden ggf. eingesetzt?
3. Beschreiben Sie Entwicklungen und Besonderheiten bei Zahlenreihen oder Graphen!
   Welche Differenzierungen werden vorgenommen?
4. Soweit die Daten es erlauben: Fassen Sie die Einzelergebnisse zu einer Gesamtaussage zusammen!
5. Mitunter ist ein kritischer Blick auf die Art der Darstellung oder auf eine verdeckte Tendenz sinnvoll. Achten Sie also auch auf den begrenzten Aussagewert von Daten!
   Zeigen Sie ggf., dass Sie mit Materialien auch kritisch umgehen können!

Beispiel

Interpretieren Sie das Schaubild M 1 und bewerten Sie seine Aussagekraft! (Abitur Sozialkunde Bayern 2008, Grundkurs)

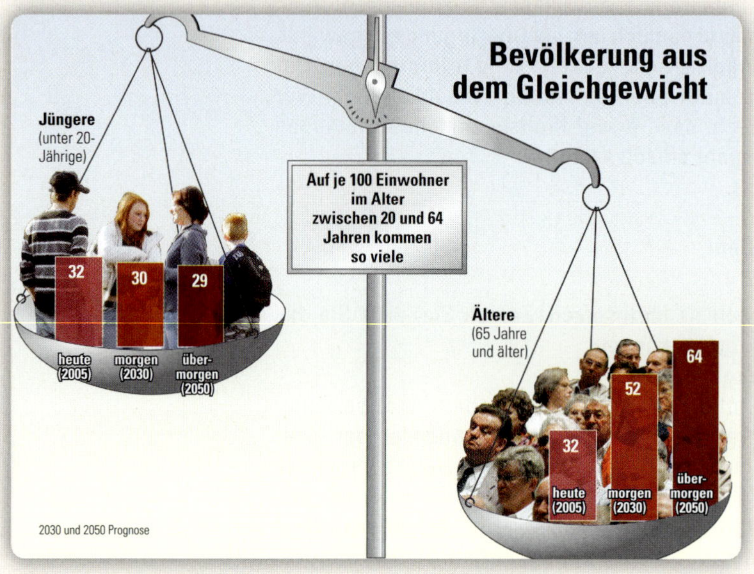
Bevölkerung aus dem Gleichgewicht
Jüngere (unter 20-Jährige)
32
30
29
heute (2005)
morgen (2030)
über-morgen (2050)
Auf je 100 Einwohner im Alter zwischen 20 und 64 Jahren kommen so viele
Ältere (65 Jahre und älter)
32
52
64
heute (2005)
morgen (2030)
über-morgen (2050)
2030 und 2050 Prognose

Globus-Grafik 1585, Quelle: Stat. Bundesamt

Schülerantwort:

Das „Globus"-Schaubild „Bevölkerung aus dem Gleichgewicht" zeigt, wie viele unter 20-jährige bzw. über 65-jährige Einwohner auf jeweils 100 Einwohner im Alter zwischen 20 und 64 Jahren im Jahr 2005 und – als Prognose – in den Jahren 2030 und 2050 kommen. Als Quelle für die Daten ist das Statistische Bundesamt angegeben.

Die Grafik ist als Waage angelegt, deren Waagschalen nicht im Gleichgewicht sind und mithin den Titel bildlich darstellen. In der linken Waagschale, die deutlich weiter oben steht, also leichter ist, sind die jüngeren Leute abgebildet. Für jedes Jahr ist eine kleine Säule gezeichnet, die für das Jahr 2005 32 Personen angibt, für das Jahr 2020 30 Personen und für das Jahr 2050 29. So viele treffen auf 100 Einwohner im Alter zwischen 20 und 64. Die rechte Waagschale mit älteren Leuten hängt deutlich weiter unten. Die drei Säulen nennen hier für 2005 32, für 2030 52 und für 2050 64 Personen.

Die Zahlenreihe für die unter 20-Jährigen in der linken Waagschale verringert sich zwischen 2005 und 2050 verhältnismäßig schleichend. Im Unterschied dazu steigen die Zahlen in der rechten Waagschale für die Personen, die 65 sind oder älter, rapide an.

Die Zahlen weisen eindeutig in die Richtung, dass sich die Altersstruktur der Bevölkerung innerhalb der genannten 45 Jahre stark verschiebt und die Überalterung der Bevölkerung zur Folge hat.

Das Schaubild ist trotz der seriösen Zahlenangaben nur begrenzt aussagekräftig. Dass die Altersgruppen nicht als Prozentanteile an der Gesamtbevölkerung angegeben werden, sondern die Angaben sich auf 100 Einwohner im Alter zwischen 20 und 64 beziehen, lässt vermuten, dass das Schaubild besonders auf die Belastungen hinweisen will, die mit der Verschiebung der Altersstruktur verbunden sind. Um diese Aussage absichern zu können, müsste man aber weitere Informationen zur Verfügung haben, so z. B. Daten zur erwerbstätigen Bevölkerung oder zum Ausmaß des Bevölkerungsrückgangs oder zu Prognosen zur wirtschaftlichen Entwicklung. Das Bild der verschobenen Waagschalen stellt – wie die Überschrift auch – die Daten in einen eher negativen Zusammenhang. Ob die „Bevölkerung aus dem Gleichgewicht" gerät, ist mit diesen Angaben nur in einem oberflächlichen Sinn zu beantworten.

Kommentar

Das systematische Vorgehen sichert eine präzise Auswertung. Die Daten sind sorgfältig zueinander in Beziehung gesetzt, die Gesamtaussage ist erfasst. Auch die begrenzte Aussagekraft der Grafik wird gut erkannt.

Stolperstein 3: die Eigendynamik der Antwort ...

„Das kenn ich, das kann ich, das habe ich gelernt – also los ...“

Gefährlich! Wer schon beim Start verkehrt auffährt, bleibt Geisterfahrer! Solche Mechanismen können gerade in Prüfungssituationen eine problematische Eigendynamik entwickeln, die Antwort „verselbständigt“ sich und löst sich von der Aufgabenstellung. Ein „Schlüsselwort“ in der Formulierung „verführt“ dann zu einer (Teil-)Antwort, die der Frage nicht gerecht wird. Schnell ist dann der Kern der Aufgabe vernachlässigt, die Antwort wird falsch und man verschenkt dabei auch noch wertvolle Arbeitszeit.

Tipp

Nicht einfach drauf los schreiben! Suchen Sie für Ihre Antwort nach einer Systematik!

- Oft hilft es, z. B., sich zu einer **Aufzählung** zu zwingen, also Erstens ..., zweitens ... usw. So müssen Sie beim Denken immer wieder neu ansetzen. Meist kommt es bei der Bewertung einer Antwort darauf an, dass mehrere (oder viele) Aspekte vorgebracht werden. Das lässt sich damit befördern.
- Erstellen Sie eine kleine **Mind-Map**: Über das Brainstorming stellen sich Erkenntnisse über Zusammenhänge, Über- und Unterordnungen oder Verknüpfungen her. Am Ende der Äste sind evtl. Beispiele oder Konkretisierungen hilfreich.
- Gehen Sie bei der Suche nach **verschiedenen Aspekten** unterschiedliche Kategorien durch, so z. B. Ursachen, Folgen, Kurzzeit-, Langzeitwirkungen; Politik, Kultur, Wirtschaft, Soziales, Geschichte; lokale, regionale, nationale, internationale, globale Aspekte;
- Vergewissern Sie sich, während Sie an der Aufgabe arbeiten, immer wieder, ob Sie im Kern der Aufgabe bleiben!

Beispiel

Erörtern Sie, ob gesellschaftliche Organisationen wie die Kirchen oder die Gewerkschaften entscheidende Akteure beim Aufbau einer modernen freiheitlichen Demokratie sein können!
(Abitur Sozialkunde Bayern 2008, Grundkurs)

Schülerantwort:

Zu den gesellschaftlichen Organisationen gehören die verschiedenen Interessenverbände, Gewerkschaften, aber auch Kirchen oder Bürgerinitiativen. Sie übernehmen eine Vielzahl von Aufgaben gegenüber ihren Mitgliedern und im politischen Prozess:
Sie stellen eine wichtige Verbindung zwischen dem gesellschaftlichen Bereich und dem Staat her, sind also Mittler zwischen Bürger und Staat.
Zu ihren Aufgaben gehören: Interessenvertretung, Interessenartikulation, Interessenselektion, Interessendurchsetzung. Ihre Adressaten sind Parlamente, Regierungen, Parteien und die öffentliche Meinung. Als Instrumente setzen sie dazu persönliche Kontakte ein, aber auch z. B. Stimmenpakete, die personelle Durchsetzung, Stellungnahmen, Demonstrationen oder die Verbreitung ihrer Anliegen in den Verbandsmedien. ...

Kommentar

Der Schüler hat in der Aufgabe die Formulierung „gesellschaftliche Organisationen" entdeckt und lässt jetzt – einem Reflex gleich – seinem angelernten Wissen dazu freien Lauf. Dabei hat er sehr schnell die eigentliche Fragestellung vergessen, die den Blickwinkel „Akteure beim Aufbau einer modernen freiheitlichen Demokratie" vorgibt. Subjektiv wird er u. U. das Gefühl haben, die Aufgabe gerade blendend zu lösen: Er schreibt ja viel „Richtiges".

Beispiel

Antwort Schüler B (Stoffsammlung und Teil der Ausführung):

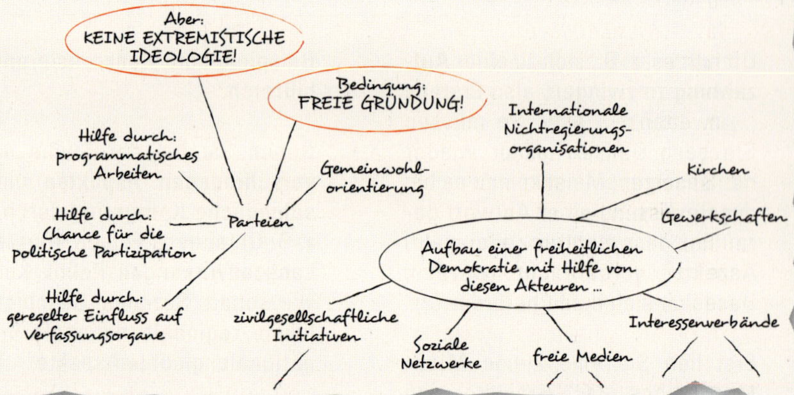
Aber: KEINE EXTREMISTISCHE IDEOLOGIE!
Bedingung: FREIE GRÜNDUNG!
Internationale Nichtregierungs-organisationen
Hilfe durch: programmatisches Arbeiten
Gemeinwohl-orientierung
Kirchen
Hilfe durch: Chance für die politische Partizipation
Parteien
Gewerkschaften
Aufbau einer freiheitlichen Demokratie mit Hilfe von diesen Akteuren ...
Hilfe durch: geregelter Einfluss auf Verfassungsorgane
zivilgesellschaftliche Initiativen
Soziale Netzwerke
freie Medien
Interessenverbände

„... Die aufgeführten zivilgesellschaftlichen Akteure bieten jedem Einzelnen die Möglichkeit sich einzumischen, mitzugestalten, seine Ansichten in der Öffentlichkeit zu vertreten und für sie zu werben. Diese Partizipationsmöglichkeiten können bei vielen Bürgern die Akzeptanz des demokratischen Systems erhöhen.

Die Beiträge der genannten Akteure können aber nur dann zum Aufbau einer freiheitlichen Demokratie beitragen, wenn folgende Voraussetzungen vorliegen:

- die Ablehnung von demokratiefeindlichen, ggf. extremistischen Ideologien und Praktiken sowie
- die grundsätzliche Bereitschaft, die Interessenvielfalt in einem demokratischen Staat anzuerkennen, die Demokratie zu verteidigen (Grundrechte, Volkssouveränität, rechtsstaatliche Grundsätze) und demokratische Spielregeln einzuhalten."

Kommentar

Der verlangten kontroversen Auseinandersetzung (Erörtern Sie, ob ...) wird die Arbeit in hohem Maße gerecht. So werden nach einer Diskussion der Möglichkeiten gesellschaftlicher Organisationen auch in einer abschließenden Bewertung noch einmal die Bedingungen für eine erfolgreiche Arbeit der gesellschaftlichen Akteure herausgearbeitet.

Stolperstein 4: die schnelle und unüberlegte Formulierung ...

„Ich schreibe das jetzt so hin, wie es mir einfällt. Unter Zeitdruck kann ich doch nicht noch lange überlegen, wie ich etwas formulieren soll."

Riskant! Der Schreiber selbst versteht tatsächlich meistens, was er schreibt. Es kommt aber darauf an, Antworten so zu formulieren, dass sie vom Leser verstanden werden, in diesem Fall von der bewertenden Lehrkraft. Sie verschenken mit dieser lockeren Einstellung vielleicht wertvolle Bewertungseinheiten.

Verständlich und überlegt formulieren!

Tipp

Die Arbeit an der Sprache ist immer auch Arbeit am Gedanken. Bevor Sie einen Satz anfangen, sollten Ihnen seine Struktur und sein Ende klar sein. Das zwingt Sie auch zu inhaltlicher Präzision. Zeigen Sie z. B. über Konjunktionen, dass Sie um Ursachen, Folgen, Bedingungen oder Wechselwirkungen wissen und sie darstellen können. Es ist ein Unterschied, ob Sie nur Einzelheiten aufzählen oder auch komplexe Zusammenhänge darstellen können. Für Korrektur und Bewertung kann entscheidend sein, wie Sie Sachverhalte formulieren.
Sie sollten auch zeigen, dass Ihnen die Fachsprache zur Verfügung steht. Die angemessene und vor allem zutreffende Verwendung von Fachbegriffen und die Nennung von Theorien, Wissenschaftlern oder Methoden lassen erkennen, dass Sie die fachspezifischen Aspekte im Auge haben – ohne zu blenden.

Und auch diese allgemeinen und prüfungstaktischen Überlegungen sollten Ihnen geläufig sein:

Zur äußeren Form:
Die saubere Form sollte eine Selbstverständlichkeit sein. Denken Sie dabei auch an vermeintliche Kleinigkeiten: Streichen Sie ggf. mit dem Lineal durch! Kennzeichnen Sie Nachträge und Fußnoten eindeutig mit Verweisen und nummerieren Sie Zusätze sorgfältig durch!

Zur Reihenfolge der Bearbeitung:
Meist sind die Abituraufgaben in Teilaufgaben gegliedert und gezielt aufgebaut: So kann mit einfacheren Aufgaben oder mit Materialien eine nächste – komplexere – Stufe vorbereitet werden. Trauen Sie der Aufgabe eine innere Logik zu! Niemand will Sie austricksen oder in die Irre führen. Gehen Sie davon aus, dass die Aufgabenstellung durchdacht und fair ist. Also: Arbeiten Sie die Aufgaben nach Möglichkeit in der gestellten Reihenfolge ab!

Zur Zeiteinteilung:
Überlegen Sie anhand der angegebenen Bewertungseinheiten und der Formulierungen, wie Sie mit der Prüfungszeit möglichst ökonomisch umgehen! Bei welchen Aufgaben „lohnt" es sich, die meiste Prüfungszeit einzusetzen? Können Sie für eine abschließende Durchsicht Zeitreserven vorsehen? Bedenken Sie, dass nicht nur die umfassenden Aufgaben Zeit brauchen, sondern vor allem auch die anspruchsvolleren Aufgaben!

Zur Vollständigkeit:
Überprüfen Sie rechtzeitig, ob Sie alle geforderten Aufgaben bearbeitet haben! Sind alle Materialien berücksichtigt? Und geben Sie alle Bögen und Blätter – nach Möglichkeit durchnummeriert – in geordneter Form ab!

REGISTER

Zur Benutzung: Fett gedruckte Seitenzahlen verweisen dabei auf eine Fundstelle, bei der der Begriff umfassend erläutert wird

LITERATURTIPPS

- *Atlas der Globalisierung. Sehen und verstehen, was die Welt bewegt. Hrsg. von Le Monde diplomatique, 2006*
  In diesem Atlas findet man hintergründiges Kartenmaterial, informative Daten und Schaubilder ebenso wie fachkundige Erläuterungen zu den wirtschaftlichen, ökologischen und politischen Grundfragen der Globalisierung.

- *Tobias Debiel u. a. (Hrsg.), Globale Trends 2010. Frieden – Entwicklung – Umwelt. Frankfurt/Main 2010*
  Die Globalen Trends 2010 liefern die Essenz des Wissens über die wesentlichen Entwicklungen in den Bereichen Frieden, Entwicklung und Umwelt. Gestützt auf neueste internationale Fachliteratur und Daten dokumentieren und interpretieren sie sowohl kurz- als auch längerfristige Entwicklungen und Zusammenhänge.

- *Deutschland und Europa Nr. 55: Außen- und Sicherheitspolitik in Europa, hrsg. von der Landeszentrale für politische Bildung Baden-Württemberg, Stuttgart 2008*
  Ein Überblick über Außen- und Sicherheitspolitik in Europa, mit vielen Fallstudien, Grafiken, Karikaturen und einer Auswahl vertiefender Materialien.

- *Sven Bernhard Gareis, Deutschlands Außen- und Sicherheitspolitik. Eine Einführung. Opladen 2005*
  Das Lehrbuch führt in die Grundlagen (Begriffe, Akteure, Bedingungen) und wesentliche Handlungsfelder der deutschen Außen- und Sicherheitspolitik ein.

- *Globalisierung verstehen: unsere Welt in Zahlen, Fakten, Analysen, hrsg. von der Initiative Neue Soziale Marktwirtschaft GmbH und der Internationalen Handelskammer, Köln 2007*
  In diesem Lesebuch finden sich Aufsätze zu folgenden Themen: Welche Chancen bringt uns die Globalisierung? Wer gewinnt vom freien Welthandel? Wandern unsere Jobs ins Ausland ab? Überholen uns China und Indien? Wie viel Wohlstand bringt uns die Globalisierung? Bekommen wir Umweltprobleme in den Griff?

- *Informationen zur politischen Bildung Nr. 291: Sicherheitspolitik im 21. Jahrhundert, hrsg. von der Bundeszentrale für politische Bildung, Bonn 2006*
  Das Heft behandelt die zentralen Problemfelder der Weltpolitik und stellt die wichtigsten Institutionen zu deren Bearbeitung vor.

- *Informationen zur politischen Bildung Nr. 304: Deutsche Außenpolitik, hrsg. von der Bundeszentrale für politische Bildung, Bonn 2009*
  Das Heft zeigt Grundzüge und Perspektiven deutscher Außenpolitik von 1949 bis heute auf.

- *Claus Leggewie, Die Globalisierung und ihre Gegner, München 2003*
  Ein Überblick über Kritik und Kritiker der Globalisierung. Der Autor zeigt Möglichkeiten der Einflussnahme und des Protests gegen die Globalisierung auf und stellt aktuelle Gegenkonzepte vor.

- *Werner Weidenfeld/Wolfgang Wessels (Hrsg.), Europa von A bis Z. Taschenbuch der europäischen Integration. Bonn 2009 (Lizenzausgabe der Bundeszentrale für politische Bildung)*
  Alle europäischen Themen zum Nachschlagen.

- *Wichard Woyke (Hrsg.), Handwörterbuch Internationale Politik, 11. Aufl., Stuttgart 2007*
  Nachschlagewerk

INTERNETADRESSEN

www.auswaertiges-amt.de
Seite des Auswärtigen Amtes; mit Materialien, Dokumenten und Länderinformationen

www.bmvg.de
Bundesministerium der Verteidigung; mit aktuellen Informationen zur deutschen Verteidigungspolitik und den Auslandseinsätzen der Bundeswehr

www.bpb.de
Seite der Bundeszentrale für politische Bildung

www.das-parlament.de/2010/18/Themenausgabe/index.html
Die Themenausgabe „Europa nach Lissabon" der Zeitung „Das Parlament" bringt zahlreiche Artikel zum aktuellen Stand in der EU.

www.epo.de
Entwicklungspolitik online ist ein umfassendes Portal mit Nachrichten, Analysen und Themen aus dem Bereich der Entwicklungspolitik

europa.eu/index_de.htm
Seite der Europäischen Union

www.friedenspaedagogik.de
Seite des Instituts für Friedenspädagogik Tübingen; mit einer Sammlung von Materialien und Links speziell für die Schule

http://globalisierung.insm.de
Sonderseite der Initiative Neue Soziale Marktwirtschaft mit informativen Grafiken und Hintergrundinformationen zum Thema Globalisierung

www.hiik.de
Heidelberger Institut für internationale Konfliktforschung; wissenschaftliches Institut mit zahlreichen Publikationen, u.a. dem „Konfliktbarometer", einem Überblick über das weltweite Konfliktgeschehen

www.lpb-bw.de/klimawandel
Die Landeszentrale für politische Bildung Baden-Württemberg informiert ausführlich und aktuell über das Thema Klimawandel.

www.menschenrechtwasser.de
Diese Seite, die von der Aktion „Brot für die Welt" eingerichtet wurde, liefert Wissenswertes zum Thema Wasser und stellt diverse Wasserkrisen und Wasserprojekte vor.

www.nato.int
Englischsprachige Seite der Nordatlantischen Verteidigungsorganisation. Gute deutschsprachige Informationen finden Sie auch über die Seite des Auswärtigen Amtes (Außenpolitik _ Internationale Organisationen _ NATO)

www.osce.de
Organisation für Sicherheit und Zusammenarbeit in Europa

www.uni-kassel.de/fb5/frieden
„Friedensratschlag", Seite der Arbeitsgemeinschaft Friedensforschung der Uni Kassel mit einer guten Sammlung von Aufsätzen und Zeitungsartikeln zu Themen der Friedens- und Konfliktforschung

www.unric.org
Informationszentrum der Vereinten Nationen für Westeuropa

www.weltpolitik.net
Seite der Deutschen Gesellschaft für Auswärtige Politik; mit Ausführungen zu allen wichtigen Themenfeldern der internationalen Politik

BILDNACHWEIS

action press, Hamburg – S. 43 ISOPIX SPRL, S. 43 Wiktor Dabkowski, S. 88 Uwe Widmann
AFP – Agence France-Presse GmbH, Berlin – S. 98
AP, Frankfurt – S. 7

Baaske Cartoons, Müllheim – S. 67 Burkhard Mohr / Gerhard Mester / Klaus Espermüller
Bergmoser + Höller Verlag, Aachen – S. 25, 29
Bundeszentrale für politische Bildung, Bonn – S. 45

Desertec Foundation – S. 102
Deutsches Historisches Museum, Berlin – S. 47
DPA Infografik, Hamburg – S. 65, 72, 77, 94, 97, 112
DPA Picture Alliance, Frankfurt – S. 26, 55, 79 (3) Report, S. 43, 57 epa-Bildfunk, S. 43, 57, 79, 88 Fotoreport, S. 57 Bilderdienste, S. 57, 86 akg-images, S. 57 Bildarchiv
DPA Picture Alliance, Frankfurt – S. 7 (2), 8, 43 (2), 57 (3),75, 79 (2), 88, 105

fotolia.de – S. 8 Ramona Heim, S. 14 Bedridin Avdyli, S. 19 bilderbox, S. 39 Vaso-fotolia, S. 85 Jörg Völlmer, S. 96 GeoM

Greenpeace, Hamburg – S. 7

Haitzinger, Horst, München – S. 41 (2), S. 73 (2)
Heidelberger Institut für internationale Konfliktforschung (HIIK) e.V – S. 60
http://commons.wikimedia.org/wiki/Atlas_of_Europe (12.01.2010)

Istockphoto / David H. Seymour – S. 19

Keystone, Hamburg – S. 7
Kunsthalle Bremen / Der Kunstverein in Bremen/Lars Lohrisch – S. 21

Laif, Köln / Modrow – S. 93

Musée Carnavalet, Paris – S. 19

Pepsch Gottscheber, München – S. 38
photothek.net / Thomas Imo – S. 88
Plassmann, Thomas, Essen – S. 41

Sakurai, Heiko, Köln – S. 67 (2), S. 70
Schneider, Brigitte, Gauting – S. 67
Schwalme, Reiner, Groß Wasserburg – S. 56
SHAPE, Supreme Headquarters Allied Powers Europe, Public Affairs Office, Belgium – S. 71
Smetek, Wieslaw, Seevetal – S. 13
Standard Eurobarometer 69 „5. Die Europäische Union heute und in der Zukunft", Nov. 2008, S. 96 © Europäische Union 1995-2010 – S.45
Standard Eurobarometer 71 „Public opinion in the European Union", Sept. 2009, S. 96, 159, 162, 211© Europäische Union 1995-2010 – S. 18, 49
Steiger, Ivan, München – S. 23, 35
Stuttmann, Klaus, Berlin – S. 17, 31, 73 (2)
Süddeutsche Verlag, München – S. 57

The Art Archive – S. 19

UEFA – S. 19
Ullstein Bilderdienst, Berlin, S. 19 CARO / Bastian, S. 33 Schicke, S. 63 phalanx Fotoagentur
UNEP / Grid-Arendal, Philippe Rekacewicz – S. 9 (2)

Wizany, Thomas, Salzburg – S. 41
www.strandkorb-zuhause.de S.– 7

http://commons.wikimedia.org/wiki/Atlas_of_Europe (12.01.2010)